書きたがらない子も
夢中になる!

作文指導の技術

森 幸彦
Yukihiko Mori

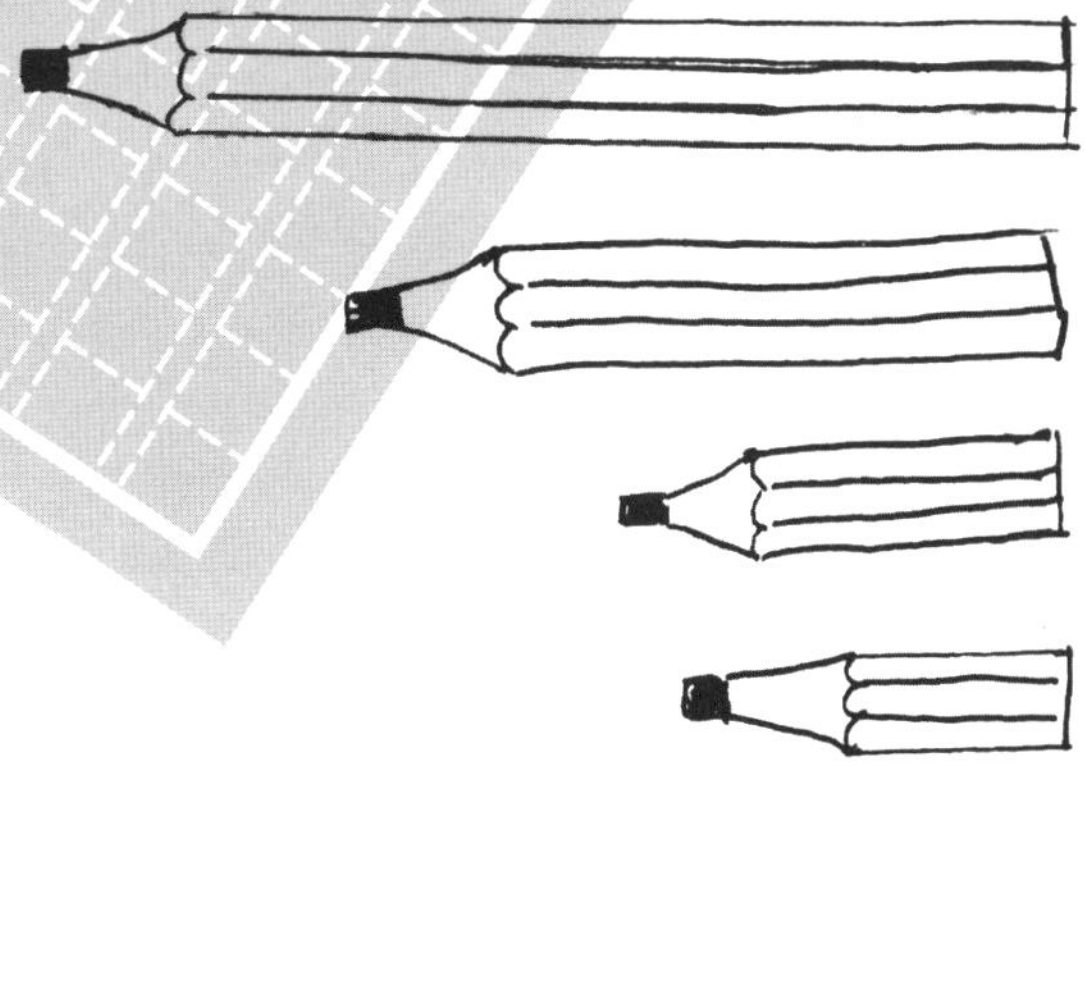

学陽書房

はじめに

わたしは、教師になって二十六年、毎年どの学年を担任しても、クラスの子どもたちに作文を書かせてきました。教師の仕事は多岐にわたり、日々とても忙しいものです。教材研究をし、授業の準備をし、授業をし、子どもたちと遊び、様々な事務処理をこなし。時には子どもを呼んで話を聞いたり、叱ったり。そんな中で、子どもたちが書いてきた作文を一字一字丁寧に読み、赤ペンを入れて返すのは、たいへんな仕事です。それでも作文教育を続けてこられたのは……

子どもたちが書いた作文に赤ペンを添え、返した時、子どもたちはみんな、わたしとの交換日記を読むように、そっと作文帳を開き、わたしからの返事を読んでくれます。時には微笑みながら。時にはうなずきながら。時には、すぐにわたしのところへ寄ってきて、続きの話をしてくれることもあります。そんな子どもたちの姿が見たくて、赤ペンを書き続けてきたように思います。

ただ、それだけの理由で作文を書かせてきたわけではありません。作文を書かせることで、文章力や国語力がつくだけでなく、

・心を育てることができるから

・クラスを一つにすることができるから

そう信じて作文を書かせてきました。

では、なぜ作文を書かせることで「心が育つ」のか、「クラスを一つにすることができる」のか。わたしが

これまで出会ったたくさんのかわいい子どもたちの顔を思い浮かべながら、素敵なクラスでの出来事を思い出しながら、わたしの経験をもとにこの本にまとめていこうと思います。

わたしが小学校一、二年生の時の担任は、四十代半ばの女性の先生でした。とても厳しく、低学年ながらぴりぴりしていたのを、今でも覚えています。それでも、わたしにとってその先生が一番思い出深い先生なのです。その先生と他の先生との違い……それは、毎日日記を書かされたことです。そのころは、とても嫌でたまりませんでした。毎日書くことをさがすのに必死でした。しかし、大人になり、その二年間の日記を読み返した時、当時のことが頭の中に鮮明に蘇り、涙が出そうになりました。担任の先生に感謝の気持ちでいっぱいになりました。そして、ちょうどそのころ教師を目指していたわたしは、「先生になれたら、必ず日記指導をする」と心に誓っていたものです。

こういうことがあり、教師になって三年間、わたしは作文ではなく、毎日日記を書かせていました。しかし、ある子どもの日記がきっかけで、日記指導を続けられなくなってしまいました。子どもの心を受け止めてあげることができず、逆に傷付けてしまっていたのです。そこから、もう一度勉強し直し、今、日記ではなく作文を書かせる指導をしています。

そんなわたしの失敗した経験をも正直に綴りながら、わたしが続けてきた作文教育について思うがままに書き記そうと思います。

この本を読み、作文教育をやってみようかなと思ってくださる先生が、一人でもいてくださったなら幸せです。

森　幸彦

◎もくじ◎

第1章 作文教育って何？

第2章 どの子も書けるようになる！ 作文教育の基礎・基本

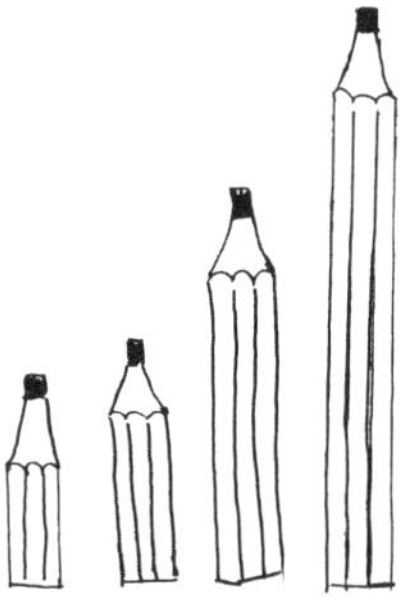

第5章 実践！ 高学年の作文指導

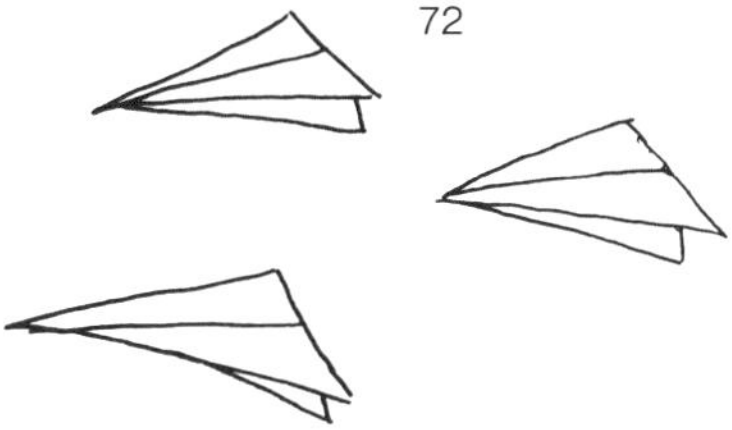

第6章 子どもの心を、そして、クラスを育てる一枚文集

第　1　章

作文教育って何？

どうして子どもに作文を書かせるのでしょう？
どんなことを書かせればいいのでしょう？
そのためにはどうすればいいのでしょう？
作文教育の基本について、分かりやすく説明します。

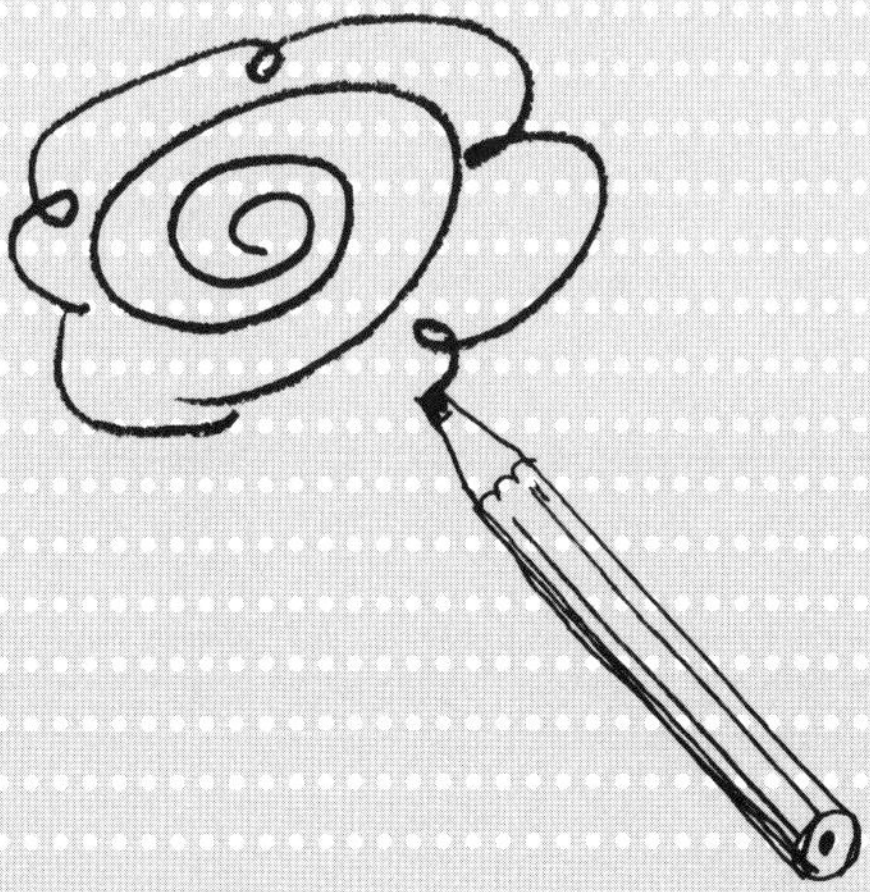

1 書く力とは、そもそもどういう力なのか

書けと言うだけでは作文は書けません。書くためには子どもに、どんな力をつけてあげなければいけないのでしょうか。

子どもたちは、様々な場面で書くという行動を行っています。国語の時間、物語文の読み取りをする場合、必ず一人ひとりにノートに自分の意見を書かせます。社会の時間、土地土地の工夫や特色など、グラフや資料を読み取り、気付いたことを書かせます。算数でも、問題を読み、立式することは、読み取った内容を書いていることになります。

書くということは、自分の思ったこと感じたこと考えたことを文字に表現することです。そのためには、力がいります。では、書く力とはどういう力なのでしょうか。

右の例でいくと、国語で書く力を考える場合は、読解力と並行して書く力を考えていかなければいけないでしょう。社会ではグラフや資料を読み取る力と書く力を、算数では算数的な思考力と書く力を併せて考えていかなければなりません。

しかし、ここでは、純粋に作文を書くということに限定して考えていきたいと思います。わたしが考えている作文を書くための書く力とは、次の三つです。

❶……まわりをしっかりと見つめる力

身のまわりの人や物、出来事に対して興味を持ち、しっかりと見ようとしている子どもは、常に驚いたり、笑ったり、びっくりしたり。いつも心を動かしています。心を動かした子どもは、それを誰かに知らせようと思い、作文に書いてきます。

逆に、まわりをしっかりと見つめる力がない子どもは、心を動かすことが少ないため、作文を書こうとする意欲がわきません。ですから、まずは、まわりを見つめる力を育てていかなければならないのです。

❷……心が動いたことを文章に表現する力

心が動いたことがあっても、それを先生に伝えたいという気持ちがあっても、どう表現すればいいかが分からなければ、子どもたちは作文を書くことができません。そこで、どう文章を組み立て、どんな構成でどう書けばいいのかを、低学年から高学年に向けて系統的に指導し、心が動いたことを文章に表現する力を育てていかなければならないのです。

先生に読んでもらうんだという相手への意識、一枚文集*を発行することにより友達にも読んでもらうんだという相手への意識を常に持って、作文を書くことも大切です。

❸……語彙を自在に使える力

高学年になっても、低学年が使うような平易な言葉でしか文章を書くことができない子どもがいます。そんな子どもは、自分の作文なんて……と思い、苦手意識を持ち、表現することから逃げていきます。

自分の気持ちを思いきり作文にぶつけたという感覚を持つことができず、受け止めてもらえたという感覚も持てないからです。

語彙を得る大きな手段は、やはり読書です。ですが、語彙が少ない子どものほとんどは、読書量も少ないのです。それは個人の問題と放っておくのは教師ではないでしょう。子どもが興味を持つように働きかけるのが教師の仕事だと思います。わたしは、常に教室で本を読んだり、一枚文集に本のあらすじを載せて紹介したりしています。少しでも本に興味を持つ子が増えることは、語彙を自在に使える力を伸ばし、書く力を養うことになると考えているからです。

＊一枚文集とは、子どもの作文を載せ、教師がコメントを書いた発行物です。詳しくは、第6章で説明いたします。

POINT

書くためには、まずは、まわりをしっかりと見る目を育ててあげましょう。まわりをしっかりと見つめることは、心を動かすことに、そして、書こうとする意欲に繋がっていくのです。

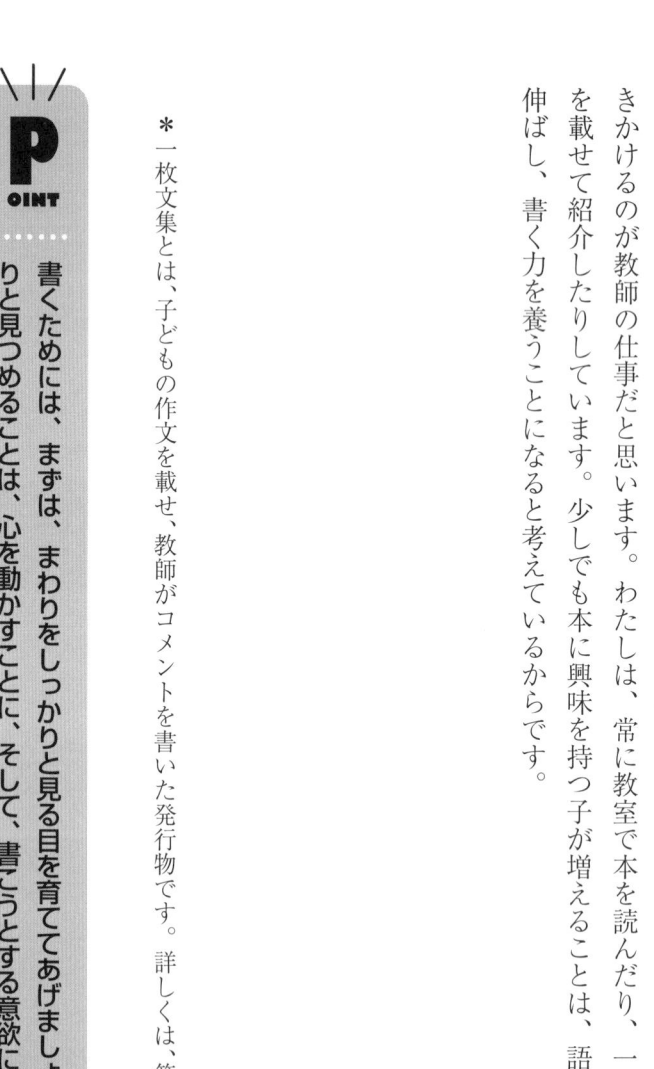

2 なぜ書かせるのか

作文に赤ペンを入れて返すのは、教師にとって、正直骨の折れる仕事です。子どもたちにとっても、本当に書くことが好きな子ども以外は、作文はうれしいことではありません。書くことを嫌がる子どもはたくさんいます。

それなのに、なぜわたしたち教師は、子どもに作文を書かせようとするのでしょうか。それは、作文が、次のような教師の願いをかなえてくれるものだからだと考えているからです。

❶……かしこい子どもを育てたい

子どもに学力をつけること。これは教師の使命です。一人ひとりの子どもたちの学力を把握し、少しでもそれを伸ばしていかなければなりません。それには、作文が有効なのです。

子どもたちが生活を振り返り文章を綴る時、様々なことを思い出し、いろいろなことを考えます。「あの時、ああすればよかった」「あの時、○○くんの言っていたことは素晴らしいなあ」「お母さんは、どうしてあんなに怒ったんだろう……」。このように、一旦立ち止まって自分の生活を振り返ったり反省したりしたことは、必ず後の生活に活かされます。子どもたちは、書くことによって、たくさんたくさん頭を使い、たくさんたくさん考え、かしこく育っていくのです。

❷……子どもの心を育てたい

学校は、子どもに学力をつけるところです。しかし、それだけでは、学力を上げ、志望校へ合格することを使命としている学習塾の先生と同じです。学習塾はそれでいいのです。しかし、学校はそれではいけません。学力とともに、子どもの心も育てなければなりません。それにも作文が有効なのです。

子どもたちが文章を綴る時、自分の身のまわりをしっかり見直さなければなりません。しっかり見直すことにより、生活しているだけでは気付かなかった友達のやさしさに気付いたり、今まで当たり前としか感じていなかった家族のありがたさを感じたりします。自然の偉大さ、動物のかわいさなどを改めて感じる子どもも出てきます。文章を綴ることで、ボーッとしていては見過ごしてしまいそうなことに気が付くのです。そして、自分の行動や考えを振り返り、自分自身に自信を持ったり、反省して自分を改めようとしたりします。

子どもたちは、書くことによって、心を成長させていくのです。

❸……一生に一度しかないその時の心の記録を残させたい

子どもたちは、日々たくさん心を動かしています。しかし、そこで立ち止まらないために、せっかくの感動を、次の瞬間には忘れていくのです。友達と大笑いしたこと、友達のやさしさに気付いたこと、その時その時は心を動かしても、書かなければ忘れていきます。「ぼくは、あの時こう思った」「わたしは、あの時、こう考えたからこんなことしかできなかったんだ」……書くことで、自分がその時どう考えてどう行動したのか、もう一度振り返ることができます。

自分について振り返り、更によりよい生活を求めようとすることは、生きていく上で大切なことです。

心の記録を残すことは、自分を成長させ、よりよい生活を送ることに繋がっていくのです。このためにも、子どもに文章を綴らせるのです。

POINT

心の記録は、書き残さなければ消えていきます。書き残すことで、子どもの心を育てるのです。書かせることで、かしこい子どもを育てるのです。

3 どんなことを書かせるのか

❶……自分の生活を振り返って書かせる

例えば、観察文の書き方を学習し、自分の育てた植物について観察したことを経過にそって書くことは、大切なことです。ですが、作文教育を通して子どもたちの心を育てようと考えた時、自分の生活を振り返って作文を書かせることを大事にしたいと思います。

生活と言っても、何も特別なことがあった時に作文を書かせればいいと言っているのではありません。「お父さんがおならをして、とってもくさかった。」ということを作文に書いてきた子どもがいます。「宿題がたいへんだった。」という作文を書いてきた子もいます。生活の中であったちょっとしたことについて作文を書けばいいのです。特別な出来事がなくても、あったこと、見たこと、考えたことを事実に即して書かせればいいのです。子どもたちは、よく、書くことがないと言いますが、日々の生活の中でたくさん心を動かしている子どもたちには、書く題材がたくさんあるのです。自分の生活の中から書くことを見つけ、作文を書いていくうちに、子どもたちは、今まで心を動かさなかったことに対して心を動かすようになります。そうして、書く題材も少しずつ増えていくのです。

❷……自分の生活から得た喜びや悲しみを振り返って書かせる

わたしのクラスの子どもたちは、「東京ディズニーランドに行きました。」という作文や、「ハワイに旅行に行きました。」という作文は書いてきません。それは、「お父さんやお母さんに、お金を出して連れて行ってもらったことは、いくら楽しくてもいくら思い出に残っても、作文に書いてこないでください」と伝えているからです。

お父さんやお母さんに、どこかへ連れて行ってもらい、お金を払って楽しませてもらった喜びは、あたえられた喜びです。あたえられた喜びばかりを追いかけていても、生きる力は育ちません。自ら進んで生活することによって得た喜びや悲しみについて振り返り、作文を書くことで、自分の素晴らしい生活を再認識したり、ダメなところを反省したり、まわりの人々に感謝の気持ちを持ったり……。こうして心を育て、生きる力を育んでいくのです。

自分の生活を見つめて作文を書かせましょう。自分の生活を見つめることで、お父さんやお母さん、兄弟姉妹、友達、先生のことを思い出します。そして、それらの人々が作文に登場します。

自分の生活を見つめて作文を書くことで、子どもたちは知らない間に、人は一人では生きてはいけないことに気付き、感謝の気持ちを育んでいくのです。

POINT

自分の生活を見つめ直し、したこと、見たこと、考えたことを書かせます。そうすることで、生活から得た喜びや悲しみ、まわりの人々への感謝の気持ちを育んでいくのです。

4 まずは、「まわりを見る目」を育てる

❶……ちょっとしたアドバイスで子どもは変わる

「はじめに」のところで、わたしが小学校一、二年生の時、毎日日記を書かされていた話をしました。当時、わたしは書くことが見つからず、そのころ流行っていたビー玉遊びのことばかり書いていました。

ある日、題名に「ビー玉」と書いて止まっているわたしを見た母が、「また、ビー玉のこと?」としかめっ面で言った後、「妹のことでも書いたら」とアドバイスをくれたのです。自分のしたことばかりに目を向けていた自分にとって、目の前がパッと開けたような感じがしてうれしかったのを覚えています。そこから、当時二歳だった幼い妹を観察したり、父や母を観察したりして、日記を書くようになっていきました。ちょっとしたアドバイスで、子どもはまわりを見る目を広げていくのです。

・自分のしたことをしたままに
・家族と一緒にしたことをしたままに
・友達としたことをしたままに

こうしたアドバイスで、少しずつ視野を広げていくようにしていかなければなりません。

❷……いろいろな体験やたくさんの一枚文集で「気付き」をあたえる

わたしが勤めている小学校のまわりは風致地区に指定されているため、木々や草花がたくさんあります。木の表面をさわらせたり、花のにおいをかがせたりして作文を書かせたこともあります。毛虫を見つけてさわぐ子どももいましたが、毛虫の動きを見つめてメモを書き、作文を書く子もいました。
また、真冬に学校のすぐ横を流れる川に連れて行ったこともあります。子どもたちは、冷たい川に膝までつかり、冬の水の冷たさを実感しては詩や作文を書きました。

こうやって、まわりにはいろいろな書く題材があることを教えていくのです。

一枚文集で、友達の作文をたくさん紹介するのも、「まわりを見つめる目」を育てることになります。お母さんのお手伝いをした作文を紹介した次の日です。他の子どもが、同じようにお手伝いの作文を書いてきました。友達の作文を読んで、「ぼくもお手伝いしたなあ」「こんなことでも作文が書けるんだ。ぼくにも書けるぞ」と思って、その子は書いてきたのでしょう。まねをしたのではなく、友達の作文を読んで、自分の生活を振り返ったことをほめてあげたいと思います。

低学年のうちに「まわりを見る目」を育てていけば、中・高学年へ進むにつれ、少しずつ視野を広げ、世の中のことや社会の出来事に目を向けていけるようになるのです。

POINT

まわりに書く題材があっても、なかなか子どもは気付きません。ちょっとしたアドバイスをあたえてあげましょう。いろいろな体験をさせてあげましょう。一枚文集をたくさん発行しましょう。

5 赤ペンの工夫①

作文教育の中で、教師が入れる赤ペンの役割はとても大きなものです。子どもたちは、担任の先生に読んでもらうことを意識しながら時間をかけて作文を書いてきます。その返事が「よかったね」「楽しかったんだね」のひと言だけでは、子どもたちはがっかりするでしょう。教師の赤ペン次第で、子どもの作文を書こうとする意欲がわきもするし、なくなりもするのです。子どもがまた作文を書きたくなる、そんな赤ペンをたくさん入れてあげたいものです。

わたしは、赤ペンを入れる時に、次のようなことを心がけています。

❶……たくさん書く

子どもたちは、担任のわたしに読んでもらおう、読んでもらいたいという気持ちで作文を書いてくるのです。その気持ちに応えるために、赤ペンはたくさん入れます。時には、子どもの作文より赤ペンの方が長い時もあります。作文と赤ペンは、子どもと教師のキャッチボールです。思いきりたくさん返してあげましょう。

❷……ほめる

赤ペンでは、子どもが書いてきたことをとにかくほめます。ほめる内容は大きく分けて二つです。

・子どもの生活ぶりをほめる
　がんばって勉強したこと／一生懸命努力したこと／よく見ていたこと／心を動かしたこと

・作文の書きぶりをほめる
　上手な言い回し／その子らしい文章の書き方／「　」の使い方／分かりやすい書き方

子どもの作文には、ほめることがいっぱいつまっています。一字一字を丁寧に読み、この作文で何をほめるかを考え、赤ペンを入れてあげましょう。

❸……共感する

子どもが作文で、「こんなことができるようになったよ。」と伝えてきたら、共感して喜んであげます。もし、同じような経験をしたことがあったら、「先生も……」と共感します。心を開いた内容に対して担任の先生が共感してくれることで、自分と担任との一体感を感じ、更に意欲的に作文を書こうとするようになります。

POINT

子どもが、担任の先生を意識し、時間をかけて書いた作文です。たくさん赤ペンで返事を書いてあげましょう。たくさんほめてあげましょう。たくさん共感してあげましょう。

6 赤ペンの工夫②

❶……誤字・脱字があっても

子どもが書いた作文の誤字・脱字を、いっさいわたしは直しません。漢字や言葉の指導は、国語の時間にすればいいと考えているからです。赤で字の間違いをたくさん訂正され、返された作文帳を見た時、子どもは何を感じるでしょうか。間違いを指摘されても、子どもの心は育たないのです。

❷……一人ひとりの子どもの状況を把握し、受け止めながら書く

教師生活三年目、初めて一年生を担任した時のことです。ひらがな指導が終わり、早速日記指導に入りました。毎日楽しく日記を書かせ、赤ペンを入れて返していました。

二学期も残すところ一か月に迫ったころのことです。ある子どもが、日記に「今日は書くことがありません。」と書いてきました。驚きましたが、「また書くことが見つかったら書こうね。」と返事をして返しました。次の日、その子は「今日は宿題をがんばって一人でやりました。」という内容の日記を書いてきました。その後は日記を書いてくるものの、ちょくちょく同じように「今日は書くことがありません。」という内容の日記を提出してきました。そして、それが五回続いた時、しびれをきらしたわた

しは、「何か書くことがあるでしょ。よくさがして書いてごらん。」と返事をしてしまったのです。「宿題を一人で……」と書いてきた時に気付いてあげるべきだったのです。

三学期の個人懇談で、その子のお母さんが飲食店を開くことを知りました。お母さんは、子どもを放ったらかしにし、いつか飲食店を持ちたいという自分の夢を追いかけておられたのです。おじいさんかおばあさんか誰かが、その子の面倒を見ておられたのかもしれません。しかし、その子の心は一人だったのです。学校から帰った後、その子は一人で過ごし、一人で宿題をし、一人で日記帳を広げ、書くことをさがしていたのです。そして、わたしにＳＯＳを送っていたのです。そんな子どもの辛い気持ちを察してやれず、ＳＯＳも受け止めてやれず、わたしは「何か書くことがあるでしょ……」と赤ペンを入れてしまったのです。

この子の心を考えた時、後悔の念でいっぱいになり、わたしは日記指導を続けられなくなってしまいました。今でも、その時のことを思い出すと、胸が締め付けられる思いです。

子どもには、一人ひとりそれぞれ違った生活があります。日記や作文だけでなく、日々の子どもたちとの他愛もない会話などから、それぞれの生活が垣間見えます。それをしっかりキャッチしなければなりません。そうして、子どもから発せられたＳＯＳを受け止める素地を作っておかなくてはいけないのです。一人ひとりの子どもの様々な面を把握し、それを思い出しながら赤ペンを入れることも忘れてはなりません。

POINT

子どもを受け止め、心を育てるために、赤ペンをたくさん入れましょう。子どもを否定する赤ペンは入れる必要がないのです。

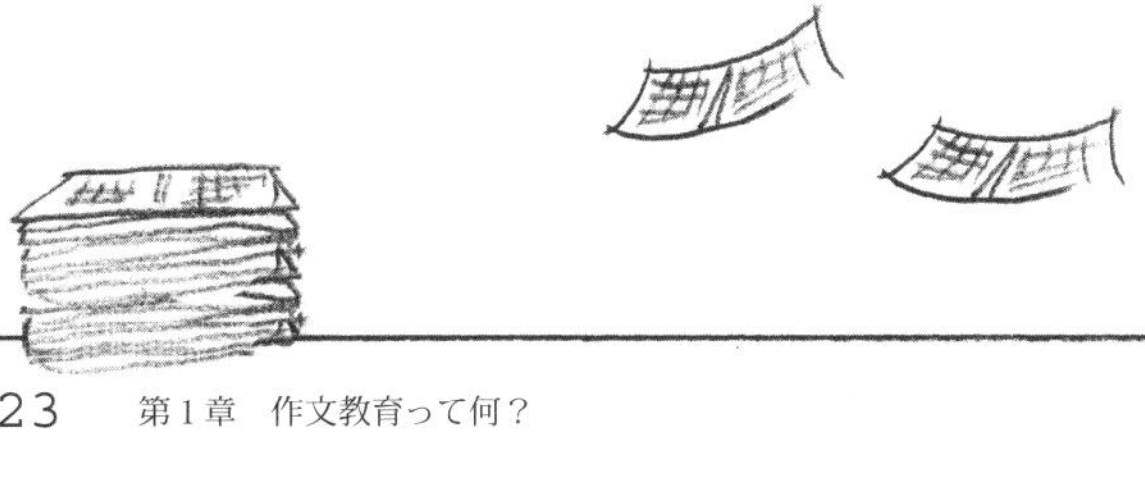

7 一枚文集を発行しよう

作文を書いてきた子どもに赤ペンを入れて返す。前項で述べたように、これはとても大切なことです。しかし、これだけで満足してはいけません。まだ、「教師」対「個（一人ひとりの子ども）」のキャッチボールの段階だからです。この作文を、クラスへと広げていかなくてはなりません。

その大きな手立てとして、*一枚文集を発行するのです。クラスの子どもが、とてもいいことをして作文に書いてきても、素晴らしい考えをもって行動したことを作文に書いてきても、赤ペンを入れて返すだけでは、クラスの子どもたちには、その子の素晴らしさは伝わりません。一枚文集で作文を紹介することで、初めて伝わるのです。一枚文集には様々なパワーが秘められているのです。

❶……あたたかいクラスをつくるために

一枚文集を通して友達の作文を目にすることで、普段接しているだけでは分からない、友達の生活ぶりや、心の動きを知ることができます。「この友達は、こんないいことをしていたんだ」「こんなことを考えていたんだ」と友達の新たな一面を知ることができます。そして、友達同士お互いを認め合うことができるようになります。クラスで一枚文集を読み合う時、「オー、すごい！」と友達に対する感嘆の声がわいたり、自然と拍手がおこったりする時もあります。時には、クラスが笑いの渦になることもあ

ります。一枚文集を発行することで、クラスがあたたかい雰囲気に包まれていくのです。

❷……友達から学ぶために

友達の考え方や行動を知ることで、「ぼくは、こういうことができていないんだ」「わたしもこんなことをしたいなあ」と自らの生活を振り返ることもできます。振り返った子どもたちは、更に自分の生活を向上させようと努力します。努力の成果が表れたら、喜んで作文に書いてきます。それをまた、一枚文集でクラスに広げていくのです。

このように、友達を認め合ったり、自らの生活を振り返って向上心を持ったりすることで、お互いを高め合うクラス、まとまりのあるクラスをつくっていくことができると考えています。

配られた一枚文集を見て、そこに自分の作文が載っていたら……低学年の子どもは、わたしが作文を読み聞かせている間中、恥ずかしそうに顔を隠しています。中学年の子どもは、にこにこしながら目で文字を追います。高学年の子どもは、表情を変えず文字を追います。でも、みんなうれしいのです。だから、一枚文集に作文が載った次の日に、新たな作文を書いてくる子が多いのです。

＊一枚文集とは、子どもの作文を載せ、教師がコメントを書いた発行物です。詳しくは、第6章で説明いたします。

POINT

一枚文集で、友達の素晴らしい考えや行動をどんどん紹介することで、友達同士お互いを認め合い、クラスが高まっていくのです。

コラム 1

教師になることが決まって、恩師を訪ねました。喜んでわたしを迎えてくださった恩師が、「教師としてのバックボーンを早く見つけなさい」と先輩としてアドバイスをくださいました。

バックボーンとは背骨。つまり、「自分なりの教師としての柱を見つけなさい」ということです。

教師になってすぐ日記指導を始めたものの、自分自身が小学一、二年生の時にやっていたというだけで、深く考えずに始めたものでした。「先生のお話」として、毎週いろいろな話を書き、それについて感想を書かせるということもやっていました。しかし、バックボーンになるようなものではありませんでした。

そんな時出会ったのが、一枚文集でした。西日本私立小学校連合会の国語部会に参加した時のことです。そのころ、京都女子大学附属小学校で教鞭をとっておられた大石進先生が、クラスで発行しておられる一枚文集について話してくださいました。「何と素晴らしい子どもたちの作文だろう」「何と心あたたまる先生の赤ペンだろう」と感銘を受けました。子どもたちの成長に驚きました。わたしもこんな教育がしたいと、心が揺さぶられました。

それから二十数年。わたしは、自分の教育のバックボーンとして一枚文集を発行し続けてきました。そして、たくさんの子どもたちの笑顔と出会うことができたのです。

出会いとは大切なものです。この時、大石先生に出会わなかったら、わたしの今はなかったのですから。

第 2 章

どの子も書けるようになる！
作文教育の基礎・基本

題材を見つけ、構成を考え、作文を書かせます。
書いた作文は推敲させ、
提出したら、赤ペンを入れて返してあげます。
順を追って、作文教育の基本を見ていきましょう。

1 題材の見つけさせ方

「さあ、作文を書こう！」と思っても、書く題材がなければ作文は書けません。題材を見つけるということは、作文を書く時に、必ず最初にしなければいけないことです。
ですから、子どもたちの題材を見つける目を育てていかなければなりません。

❶……〝題材見つけ〟の授業を行う

前にも述べたように、子どもたちは日々の生活の中でたくさん心を動かしています。書く題材はたくさんあるのです。しかし、それに気付かず通り過ぎ、作文に書くことがないと言います。そこで、わたしは四月に、〝題材見つけ〟についての授業を一時間かけて行うことにしています。

「すごく楽しかったこと」「すごく腹が立ったこと」「すごくうれしかったこと」「泣きそうになったこと」……こんな心の動きを黒板いっぱいに書き、あてはまる出来事を子どもに思い出させ、発表させます。友達の話にクラスの子どもたちは聞き入り、笑いがおきたりツッコミが入ったりします。一時間あれば、結構たくさんの子どもの話を聞くことができます。そして、今話してくれたことこそが心が動いたことであり、こんなことを作文に書いていきましょうと話します。何か特別なことがなければ作文が書けないと思い込んでいた子どもにとっては、作文を書くことが少し身近に感じるはずです。

❷……書く視点をあたえる

自分のお母さんについて作文を書いてくる子どもはよくいます。せっかくいいことに目をつけ、作文を書こうとしているのに……お母さんのやさしさやお母さんに叱られたこと、お母さんの家事など、話があちこちに飛び、内容が薄くなるということが多いのが実情です。そこで、「家で働くお母さん」「お母さんの好きなところと嫌なところ」「そっと黙ってお母さんの行動観察」など、作文の内容が絞れて書きやすくなるように、書く視点をあたえることも、作文を書く大きなヒントになります。

❸……朝の会での話をヒントにさせる

一分間スピーチをしている先生は多いでしょう。毎日毎日いろいろな友達の話を聞くのは、子どもたちにとって、それだけで〝題材見つけ〟のヒントになります。

また、高学年では、それだけではなく、わたしも子どもの前で話をするようにしています。わたしの身近な出来事のほかに、新聞やニュースに関すること、最近の時事問題で気になることなどについて話します。それは、身のまわりのことから少しずつ社会の事柄へ目を向けていき、自分の考えを作文に書くようになってほしいと考えているからです。

POINT

〝題材見つけ〟の授業で、書くことは身近にたくさんあることを知らせましょう。内容が絞れるような作文が書けるように、書く視点をあたえましょう。

2 構成を考えさせる

題材を見つけ、何について書くかが決まったら、次はどういうふうに文を紡いでいくか、構成を考えなければいけません。自分が伝えたいことは何か、それを伝えるためには、どこから書き始め、どこで終わるのかを考えるのです。相手への意識を持ち、読んでくれる人に分かりやすいと感じてもらえる文章を書くには、構成を考えて作文を書くことが必要なのです。

❶……低学年の場合

低学年の子どもたちには、あまり構成ということを考えさせず、書きたいように書かせるのがいいのではないかと考えています。構成にはとらわれず、したことをしたままに、見たことを見たままに、感じたことを感じたままに、順序良く書かせることを重視します。そうすることで、子どもたちは、書きながら次々と自分の体験や感じたことを思い出し、書き進めていくのです。生き生きとした文を書いていくのです。

❷……中・高学年の場合

中・高学年の子どもたちでも、したことをしたままに、感じたことを感じたままに書くことは大事に

したいと考えています。それだけでなく、読み手を意識させ、分かりやすい文章が書けるように、構成を考えて書かせることも大事にしていかなければなりません。中学年では「はじめ・中・終わり」を、高学年では「起・承・転・結」を意識して作文を書かせます。

具体的な指導については、後の章で述べますが……「はじめ・中・終わり」に上手に分かれているクラスの子どもの作文を配付し、まとまりを考えて三つに色分けさせたことがあります。色分けすることで「中」を詳しく書くことに気付いていきました。「起・承・転・結」に分かれた作文を同じように使用し、四つに色分けさせたこともあります。

また、「はじめ・中・終わり」で書かれた作文と「起・承・転・結」に分かれた作文を比較し、違いを考えさせたこともあります。

構成を常に意識して書かせる、ということはありません。思いを吐き出すことを一番に考えているからです。ですが、相手への意識を持ち、少しでも分かりやすい文章を書こうとさせるために、構成についての指導はしなければいけないと考えています。

POINT

低学年はしたことをしたままに、感じたことを感じたままに順序良く、中・高学年は「はじめ・中・終わり」や「起・承・転・結」を意識して書かせましょう。

3 推敲をさせるには

作文が書けたら、読み返して推敲させます。誤字・脱字を直すだけではありません。書き足りないことはないか、書き直した方がいいところはないか、自分の思いは伝わるか。様々なことを考え、更にいい作文に仕上げるために推敲するのです。

しかし、子どもにとって一度書き上げ「できた」と思った作文は、そこで完結しています。なかなか推敲する気にはなれないようです。それでも、「ちゃんと見直したよ」と言って提出してきた作文にも、誤字・脱字がたくさんあるということはよくあります。そうであるからこそ、「ゆっくり読み返してみましょう。間違った字や抜けている字はないかな?」「文の続き方が変なところはないかな?」「削った方がいいところはないかな?」と、推敲の仕方を教えていかなければいけません。常に、更にいい作文を書こうとする意欲を持たせたいからです。

❶……詩を使った推敲の練習

推敲がなかなかできない子どもたちには、短い詩を使って推敲の練習をさせるのが効果的です。

次の詩は、四年生の子どもが書いた詩です。「テストが返ってきた」で書き始めたものの、まだ手元にはテストが返ってきてないからと考え、一行目を「テスト返しが始まった」に書き直しました。

〈くやしかったテスト〉
①テストが返ってきた　↓　返しが始まった
②とてもきんちょうし
③ドキドキした
④先生が一番最初にわたしの名前をよんだ
⑤おそるおそるいすから立ち
⑥先生の方へ向かった
⑦席にもどって見ると、
⑧あと一点だった
⑨泣きそうだったがこらえた

二行目から四行目（②～④）は、テストが返される前の話だからと考え、削ってしまいました。この方がテストが返される時のドキドキ感が伝わり、いい詩になったと思います。

短い詩での推敲の練習は、子どもには抵抗なくできるように感じます。

（★作文と詩の推敲には本来違いがありますが、ここではその説明は省きます。）

❷……クラス全体での推敲の練習

推敲の練習をする場合、クラスの子どもの作文を使うのは適切ではありません。友達から自分の作文を批判されたように感じるからです。

わたしの場合は、わたし自身が書いた作文を使って推敲の練習をさせます。書き足りない部分や書き直したい表現、誤字・脱字をわざと組み入れた作文を書くのです。批判されても傷付く子どもはいません。クラスで楽しく意見を出し合いながら、推敲の仕方を学んでいくのです。

POINT

作文より短い詩を使って推敲の練習をしてみましょう。作文を使う場合は、指導の意図に応じた作文を教師自身が書くのが効果的です。

4 子どもがもっと書きたくなる赤ペン術

推敲して完成した作文が提出されると、赤ペンを入れて返さなければなりません。子どもは教師からの赤ペンを楽しみに待っています。ぜひ、赤ペンでたくさんほめてあげましょう。

赤ペンの工夫については、第1章で述べました。ここでは、わたしが実際にどんな赤ペンを入れたかを紹介します。

❶……生活ぶりをほめる

昨日、お父さんが出かける時、門まで見送りに行った。

その時、お母さんが、

「このへいから生えてくるくさい草、どうにかならないかな。」

と困っていたので、ぼくは、

「ぼくが切るよ。」

と言った。

切り始めたら、ドブに葉っぱが落ちたのでほうきではくことにした。


【赤ペン】
○くんは、お母さんの困った声を聞いて、進んでお仕事をしました。くさいと分かっているのに、自ら進んで。とてもえらいと思います。それに、草を切るだけじゃなく、ほうきではいたり、すなをそうじしたり。お母さんはとっても喜んでおられたことでしょう。……

たくさんのすながつもっていて、三十分ぐらいかかって少しずつゴミふくろに入れた。……

この子は、お母さんの困った声を聞き、自らお母さんを助けようとしました。そして、くさい葉っぱだけではなく、砂まで片付けました。そんな生活を、こんなことをしたことが素晴らしいと具体的にほめてあげ、次の生活に繋げたいと考え赤ペンを入れました。

❷……心の動きをほめる

今日の四時間目に、阪神大水害の話を聞きました。……話を聞いていて、泣きそうになりました。幼稚園からの友達が水に流されてなくなったとか、つきそいの方がなくなったとか、いろんな話をおっしゃっていたからです。……

でも、その時の甲南生はとてもすばらしいと思います。血と土や水がまざった水が入ってきたり、友達が目の前で流されていたりしているのにもかかわらず、低学年のめんどうを見て、はげましていたからです。わたしは、すごいと思いました。……

【赤ペン】

……○さんは、とても一生けん命話を聞いていたことが作文から伝わってきます。一生けん命聞いていたから、いっぱい心を動かしました。話を聞いて泣きそうになりました。甲南生のことをすばらしいと思いました。すごいと思いました。そして、天国にいる甲南生のことまで考えました。○さんはこの一時間で、とても心を育てましたね。……

一九三八年に起きた阪神大水害で、本校児童や付き添いの方八名がお亡くなりになりました。その時、実際に本校で先生と共に避難をされ、九死に一生を得られた卒業生に体験談を語っていただいた時の作文です。この子は話を一生懸命聞いています。それもほめてあげたいのですが、何より心をたくさん動かしていることをほめてあげたいと思い、このような赤ペンを入れました。

❸……書きぶりをほめる

土曜日の朝、お母さんと野球にどうやって行くか話をしていました。お母さんは、

「学校で役員会があるけどどうする。」

と言ったので、ぼくは、

「じゃあ、家のげんかんの前に着がえとバットを置いといて。」

と言いました。

Aくんと住吉駅で待ち合わせしていたので、補習が終わって急いで帰って着がえようとしたら、ソックスがありません。すごくびっくりして、どうしたらいいか分からなくなりました。

Aくんと約束をしていたから走って行ったら、BさんとCさんと何人かが
「すばる。」

と言って追いかけて来ました。ぼくはAくんの方が先だと思って、先に行ってしまいました。ごめんなさい。住吉駅についてAくんに、

【赤ペン】

野球には、間に合ったんですね。よかったです。お母さんも、とてもいそがしいから、ソックスを入れわすれてしまったんでしょう。
○くんは、とてもあせっていたのに、よくその時のことを思い出して作文が書けましたね。お母さんとどういう話になっていたのか、Aくんとはどういう約束になっていたのかなど、くわしく書いてくれたので、よく分かりました。

「先に行っといて。」
と言いました。そして、学校に行きました。
……だれが森先生をよんだかわからないけど、森先生が来て……
……野球に行きました。時間はじゅうぶんあって、元気良く野球ができました。
森先生、本当にありがとうございました。

また、Aくんを待たせているからと、とてもあせっている様子も、よく伝わってきました。Aくんを大切にしている○くんの気持ちもよく分かりました。無視してしまったBさんやCさんも、きっと許してくれますよ。

この子はあせっていたにもかかわらず、その時のことをよく思い出し作文を書きました。どういう話になっていて、どうなったのか。約束を果たすためにどうしたのか。途中で、どんなじゃまが入ったのか。気持ちが表現されながらテンポよく話が進む作文は、書きぶりをほめてあげたいと思います。ただ、「詳しく書けていますね。」とだけ赤ペンでほめられても、どこが詳しいのか子どもには分かりません。この部分が詳しいと具体的に示してあげましょう。

このほかにも、考え方をほめたり、「読んでいて、先生も楽しかったですよ。」と共感しながら赤ペンを入れたりもしています。また赤ペンを入れる時は、誰をほめているかがはっきり分かるように、必ずその子の名前を入れるようにもしています。

POINT

赤ペンは、子どもを認め、子どもをほめてあげるために入れるものです。そのために、一つひとつの作文について、何をほめるのか、常に考えて読まなければなりません。

5 クラスで読み合う

一学期に一、二回は、クラスの子どもの作文を、みんなで読み合う機会を作ります。友達の生活ぶりや素晴らしい考え方、書きぶりを学び、クラスへ広げていくためです。みんなで一つの作品を読み合うことは、作品を見る目を育て、書く力をつけていくことにつながるのです。

❶……まずは教材用の作文を読み合う

日本作文の会から、教材用として『教室で楽しく使える 作文のほん』（百合出版）という出版物が出されています。そこには、学年に応じた素晴らしい作品が載っています。それをプリントして、クラスの子どもたちに配付し、読み合う練習をします。作品を読んだ子どもたちは、いいと思ったところに傍線を引きながら、思うがままプリントに書き込みを始めます。

「気持ちがとってもよく表れている」「とっても楽しかったのがよく分かる」「この言葉だけで、感謝の気持ちが分かる」「ここの言い方が分かりやすい」など。こうやって素晴らしい作品を読み込むことで、作品を見る目を育てていくのです。

❷……クラスの友達の作品を読み合う

作品を見る目が育ってきたら、クラスの子どもの作品を読み合います。

最初のうちは、行事や教室での出来事など、同じ経験をした内容の作文を使うと、子どもたちには読みやすく、楽しそうに感想を書き込みます。

同じ経験をしていない内容の場合、みんなの前で本人に作文を読ませ、質問を受け付け、みんなが話の内容やその作文の背景にあるものを理解してから、感想の書き込みを始めます。

クラスの子どもの作品を使う場合は、友達から「ここはもう少し気持ちを詳しく書いてほしい」「ここは分かりにくい書き方だ」などの批判的な意見が出る時があります。やはり、本に掲載されているような素晴らしい作品と比べると、足りない部分があるからです。そうしたことを念頭に置いて、クラスのみんなの作文力を上げるために作文を使わせてねと本人に伝えて承諾を得ますが、それでも、そのような意見が出過ぎないような作品を選ぶのはもちろんのことです。そして、「批判的な意見よりも、まずは、いいところをたくさん見つけよう」という声かけを忘れてはいけません。

POINT

まずは、知らない人が書いた上手な作品を読み合いましょう。慣れてきたら、クラスの友達の作品を読み合い、素晴らしいところをたくさん見つけさせましょう。

6 行事作文を書かせる

第1章で、あたえられた喜びばかりを追いかけていても、生きる力は育たないと述べました。まずは自分の生活をしっかりと振り返らせ生活作文を書くことを、わたしは大切にしています。

では、行事作文はどうなのでしょう。行事作文を書かせる意義はあるのでしょうか。

❶……行事作文を書かせる意義

運動会や学習発表会……これらを子どもたちが企画して行っているという素晴らしい学校もあるでしょう。わたしが勤めている学校では、教師主導で、教師が考えたレールに子どもを乗せて完成度を高めていくという形をとっています。そうなると、行事を通して得た喜びは、教師によってあたえられた喜びになります。では、わたしの学校では、行事作文を書かせることの意味はないのでしょうか。話が矛盾するようですが、わたしは行事作文を書かせます。行事を達成させていくための子どもたちの協力、成功させたいとみんなが心を一つにして努力してきた過程を振り返ることこそが、クラスを一つにしていくために欠かせないことだと考えているからです。

❷……協力や努力を振り返らせる

わたしが勤めている学校の運動会には、学年対抗リレーという種目があります。一年生から六年生までがそれぞれに決められた距離を走ってバトンを繋ぎ、優勝を争うのです。走りが得意な子も苦手な子も全員が走ります。運動会の最後において、最も盛り上がる種目と言ってもいいでしょう。ですから、九月に入ると、全学年が優勝を目指して走る練習をします。教師も優勝を目指し熱が入ります。

二月に行われる学習発表会でも、本番に向けて何時間もかけて練習をします。一、三、五年生は劇。二、四、六年生は合奏・合唱。こちらも、一年の締めくくりとしていい発表ができるよう力を合わせます。

クラスみんなで心を一つにし、優勝や成功という目標に向かって進む姿は、美しいものです。やり遂げた満足感と、全員で協力した時間を振り返り、それを具体的に作文に書くことで、子どもは改めて友達の素晴らしさやクラスの素晴らしさに気付いていくのです。

行事作文を書かせることは、心を育て、クラスを一つにするために大きな役割を果たしているのです。

POINT

子どもたちが力を合わせて努力したことを振り返り、書かせることは、クラスを一つにすることに繋がっていくのです。

7 進んで作文を書いてこない子どもの指導術

❶……だんだん作文を書いてこなくなる高学年には

作文は、書きたいと心が動いた時に書いてほしいもの。しかし、なかなか書けない子どももいます。そんな子どもに対してどんな手だてを講じていけばいいのでしょう。

一年生でクラスを担任した学年の話です。口頭作文から作文へ移行し、たくさん作文を書かせました。このクラスを二年生でも受け持ちました。二年生になっても、子どもたちはたくさん作文を書いてきました。わたしも、「書きたいことがあったらいつでも何回でも作文を書いてきてね。少なくとも週に一回は書いてくれたらうれしいな」と子どもたちに話していました。その結果は、週に二回以上書いてくる子どもが五名、週に一回は必ず書いてくる子が二十名、たまにしか書いてこない子が五名でした。

この学年を五、六年でも担任しました。クラス替えがあったものの、以前わたしのクラスだった子どもは半数いましたが、残念なことに作文を書いてくる数は激減しました。

このように高学年になると、だんだん作文を書いてこなくなります。わたしのやり方が悪いのかもしれません。子どもに作文を書かせようと、クラスの子どもを曜日で分け、出席番号一～六番の子どもは月曜日に、七～十二番の子どもは火曜日に……と提出日を決めている先生もいます。それでも、わたしは書きたいと思った時にいつでも書いてほしいと思っているので、その方法はとらないのです。

❷……なかなか作文を書いてこない子どものために

「書いてこない子どもについては諦めるのか？」「書かせなくていいのか？」と言うと、そうではありません。すべての子どもに作文を書かせ、心を育てたいと思っています。

そこで、わたしは、年間の計画を立て、自ら進んでは書いてこなくても、せめてこれだけは書かせようと、月に一度は作文を宿題にすることにしています。この宿題は作文帳ではなく、原稿用紙に書かせ、廊下に掲示するのです。参観や懇談で学校に来られた保護者に読んでもらい、家庭での話題にしてもらうためです。なかなか書けない子どもの保護者が見て、自宅で声かけをしてくれるかもしれないからです。

四月「新しい学年をむかえて」
五月「ゴールデンウイークのおうちでのひとこま」
六月「日曜参観」
七月「校外学習（林間学舎）」
九月「早起き遠足」
十月「運動会」
十一月「秋みつけ」
十二月「年末のお手伝い」
一月「とんど（どんど焼き）」
二月「節分」「学習発表会」
三月「一年をふりかえって」

POINT

なかなか作文を書いてこない子どものために、定期的に作文を宿題にします。年間計画を立てておくと、書かない日が続くということはありません。

コラム 2

「お母さん」という題名で作文を書いてきた子どもがいました。三年生から二年続けて担任した四年生の時のことです。「ぼくにはお母さんがいません。」という内容でした。

彼は、幼くしてお母さんと死別し、お父さんとおばあさんの三人で生活していたのです。おばあさんが日常の世話をしているものの、宿題は滞ることが多く、普段から叱られることが多かった子どもです。

若かったわたしは、この子の気持ちをどう受け止めてどう赤ペンを入れればいいのか分かりませんでした。悩みに悩んで長い赤ペンを入れました。この子にとってお母さんがいないことは、受け止めなければいけない現実です。一生そのことを背負って生きていかなければならないのです。ですから、赤ペンで、お母さんはもう帰ってくることはないのだから、お母さんのことばかりを考えて引きずるのではなく、お母さんの思い出を大切にしながらも、前を向いて進もうというようなことを書きました。

わたしの赤ペンは、その子どもの心に響いてくれたようでした。それ以降、その子は、間違いがいっぱいながらも、一生懸命宿題をやってくるようになりました。友達ともめることがなくなりました。何より笑顔で生活できるようになりました。

作文と赤ペンには、人を変える大きな力があるのです。

第　3　章

実践！
低学年の作文指導

低学年では、まずは話をたくさんさせましょう。
作文がスタートしたら、何をどうやって書くのか、
丁寧に教えてあげましょう。まわりをしっかり見つめ、
作文を書くのが好きな子どもに育てる第一歩です。

1 入門期は口頭作文から

小学校に入学した子どもたちは、期待に胸を膨らませています。しかし、新しい環境のもと、どんな生活が待っているのか、友達とうまくやっていけるのか、先生はどんな人なのか、不安もいっぱいです。そんな不安を取り除いてあげる方法は、自分の居場所があることを実感させること。実感させるには、自分のことを友達に認めてもらえる体験をさせなければなりません。そのために、みんなの前でたくさん話をさせるのです。そして、作文に繋げていくのです。まずは話をさせることから始めましょう。たくさん話をさせましょう。

❶……口頭作文のスタート

子どもが話したことを聞き取り、文章として書いたものを口頭作文と言います。文字がまだ書けない子どもたちが話したことを、教師が文字で表し、読み聞かせてあげることが、後の作文指導に繋がっていくのです。

入学したての子どもたちには、まず、毎日ひと声みんなの前で声を出させる練習をします。

「今から健康チェックをします。先生が名前を呼びますから、大きな声でお返事して、元気ですとか、しんどいですとか、体の様子を教えてください。その後、好きな物を何でもいいから教えてほしいな」

●クラス全員の発言を載せた一枚文集

NO.3

えがお

甲南小　1年1組

2001.4.16

なまえをよばれたら、げんきよくへんじ。けんこうチェックをしたあと、ぼくの・わたしのすきな…とはなしました。

・くぼたくん……げんきです。ぼくのすきなどうぶつは、きりんです。
・こんどうさん…げんきです。わたしのすきなひとは、まいちゃんです。
・みやざきくん…げんきです。ぼくのすきなでんしゃは、はんきゅうでんしゃです。
・ほんだくん……げんきです。ぼくのすきないろは、あかです。
・なかたにくん…げんきです。ぼくのすきなスポーツは、からてです。
・なおきさん…げんきです。わたしのすきないろは、みずいろです。
・いけだくん……げんきです。ぼくのすきなたべものは、トマトです。
・おくだいらさん…げんきです。わたしのすきなべんきょうは、さんすうです。
・にながわくん…げんきです。ぼくのすきなものは、べんきょうです。
・やまぐちさん…げんきです。わたしのすきなおはなは、チューリップです。
・たなかくん……げんきです。ぼくのすきなものは、ゆうぎおうカードです。
・たつのさん……げんきです。わたしのすきないろは、みずいろです。
・あらいくん……げんきです。ぼくのすきなほんは、カービーです。
・おかださん……げんきです。わたしのすきなくだものは、ぶどうです。
・ながのくん……げんきです。ぼくのすきなくだものは、いちごです。
・ひろせさん……げんきです。わたしのすきないろは、ピンクです。
・せぐちくん……げんきです。ぼくのすきなスポーツは、やきゅうです。
・たかやまさん…げんきです。わたしのすきなおはなは、スイトピーです。

・おのくん……げんきです。ぼくのすきなくには、アメリカです。
・きたむらさん…げんきです。わたしのすきないろは、ピンクです。
・ひらいくん……げんきです。ぼくのすきなスポーツは、スキーです。
・つたくん……げんきです。ぼくのすきなものは、ゆうぎおうカードです。
・つねおかさん…げんきです。わたしのすきないろは、みずいろとピンクです。
・あきたくん……げんきです。ぼくのすきなスポーツは、やきゅうとサッカーです。
・おおつかさん…げんきです。わたしのすきなたべものは、ぶどうです。
・なかむらくん…げんきです。ぼくのすきなスポーツは、しょうりんじです。
・なばたさん……げんきです。わたしのすきなくだものは、ビワです。
・さかたくん……げんきです。ぼくのすきなべんきょうは、ひきざんです。
・ささくらさん…げんきです。わたしのすきなひとは、お母さんです。
・よしいさんのすきなたべものは、くだものだそうです。（おねえさんにききました。）

●健康チェックをすることを伝えると「ちょっとしんどい」「なっとかぜ…」と口々に言っている子もいましたが一人ずつ名前をよぶと大きな声で全員「元気です」と答えてくれました。無意識のうちにみんなが気持ちを強く持つことの大切さを感じてくれたのだと思います。
「ぼくの・わたしのすきな…」はそれぞれの個性が出ておもしろいです。男の子は男の子らしく、女の子は女の子らしく、さすが一年生。とても素直です。素直な心を大切にしながら、個性をどんどん伸ばしていってほしいです。

と話します。そして、一人ひとり名前を呼んでいきます。

「はい、元気です。ぼくの好きな動物はきりんです」「はい、少し眠いです。わたしの好きな食べ物はイチゴです」というような返事が返ってきます。次の日には、健康チェックと好きな遊び。その次の日には、健康チェックと小学校でがんばりたいこと、などを言わせます。

一人ひとりに教師がひと言かけてから次の子どもに移りますが、それだけで終わってはいけません。次の日には、一枚文集に全ての子どもの発言を載せて配付し、子どもたちの前で読んであげます。自分が言ったことが紙面に載ることの喜びを味わわせます。

❷……順番に話をさせる

入学式後の二週目からは、出席番号順に一日二人、みんなの前で話をさせます。最終的に自分の生活を振り返るようにさせていきますが、最初は自由

●話と質問、質問の答えを載せた一枚文集

NO.9

えがお

甲南小 1年1組

2001. 4. 26

あさのかいでのおともだちのおはなし。しっかりきいて、いっぱいしつもんしましょう。

あきた なおと

このまえのにちようび、おばあちゃんのいえにいきました。そして、おばあちゃんのいえで、ばんごはんをたべてから、ぼくのいぬをつれていってあそびました。そして、いえにかえってから、いぬのごはんをあげました。

● あきたくんのは、びょうから、あきたくんが、いつ、どこへいったのか、おばあちゃんのいえでなにをしたのか、よくわかります。ちゃんと、いぬにも、ごはんをあげたんですね。

しつもんコーナー

。いぬのごはんは、おばあちゃんのいえにないんですか。（はい、ないです。）

。そのいぬは、おばあちゃんちにいたのか、あきたくんのおうちからつれていったのですか、どっちですか。（おうちから、つれていきました。）

。そのいぬのなまえは、なんですか。（クッキーです。）

。おばあちゃんのいえには、あそびにいったんですか、それとも、いきたかったんですか。（ママがくるまでつれてきました。）

。ひとりでかえったんですか。（くるまで3にんでかえりました。いや、おねえちゃんもいるわ。4にんでかえりました。）

おおつかあきこ

げつようび、むこがわで、はしっていたら、じぶんがこけました。

● おおつかさん、だいじょうぶですか。けがをしませんでしたか。

しつもんコーナー

。どこでこけたんですか。（とぼうとおもったら、こけました。）

。それは、だれといったんですか。（ママといぬ2ひきといきました。じぶんとおにいちゃんとおねえちゃんもいきました。）

。なにをとぼうとしたんですか。（いしとぼうとしました。）

。いぬ2ひきのなまえは、なんですか。（ボビーとチャンチャンです。）

秋田くんのお話の中に、「いぬのえさではなく、いぬのごはん」という言葉がでてきます。ここから、秋田くんが、クッキーのことを、ペットではなく、家族の一員だと考えていることが分かります。
大塚さんは、武庫川でいろいろなことをしたんだろうけど、こけてしまったことがあまりにも強烈な印象として残り、他のことは、頭からとんでしまっているのでしょう。
子どものお話や作文には、いくら短くても、このように気持ちが表れます。それを読み取ってあげてください。
ちぐはぐな質問・答え、これも、かわいくていいです。だんだんと、的をえたものになっていくでしょう。

に話をさせます。少しずつ詳しく話をすることを意識させるために、話の後に聞いてくれた友達からの質問を受け付けます。そして、次の日には、その子たちの話と質問、質問の答えを一枚文集に載せて配付し、読み合います。

一巡して二回目に入ると、今度は一日一人ずつの話。前の日に白紙を渡し、話す内容のカットを描かせます。次の日の話を考えてくるのを忘れさせないため、飽きさせないようにするためなどの理由があります。話した次の日には、話と質問、質問の答えとともにカットも載せ、一枚文集として配付します。一枚文集のタイトル（わたしの場合は長年「えがお」）の文字を、話した子に書かせて使います。

話の後には、拍手がわきます。こうやってクラスの友達に自分の話を聞いてもらえたこと、拍手をしてもらい自分が認めてもらえたことを実感させ、自分にクラスという居場所があることを感じさせるのです。

●一人ずつの話とカットを載せた一枚文集

NO.24

えがお

甲南小 1年1組

2001.5.28

いたずらずきのあきたくんは、おかあさんをびっくりさせました。

あきた なおと

きのう、ことぶきこうえんというところで、ママがねこをきらいなのをしらなくて、「すいどうのなかをのぞいてごらん。」て、ぼくがいったら、みどりのめのねこがいて、「キャー、あんた、いいかげんにしいや。」といいました。

それから、ぶらんこをしたら、「おちる。」といって、そのあと、シーソーをこいでたら、ママにのらしていたら、すごくたかくなってきて、せぼねが、ガンガンあたっていました。

それから、いえにかえって、べんきょうしてから、ばんごはんをたべて、おふろにはいって、「あんた、はよねろ。」といわれました。

（だいじ・え　あきたなおと）

●きょうから、おはなしも2かいめ。だいぶなれてきて、あきたくんは、くわーくはなしてくれました。あきたくんと、あきたくんのおかあさんのはなしたことばが、たくさんでてくるので、わかりやすいです。

いたずらずきのあきたくん。おかあさんをおどろかしているのが、おもしろいです。

本の紹介
〜先週の読み聞かせ〜
。そらまめくんのベッド
。しょうぼうじどうしゃじぷた
。たからさがし

クラスに自分の居場所があることを感じることができると、子どもたちは安心して学校生活を送ることができるようになります。人前で話をすることの楽しさを知った子どもたちは、まわりのいろいろな友達とたくさん話をするようになります。そして、仲良く、助け合い、様々な思い出をつくっていくのです。

まずは、たくさん話をさせましょう。たくさん話を聞かせましょう。そうやって、自分のことを伝える喜びを味わわせましょう。それが、作文に生きてくるのです。

POINT

まずは、みんなの前でたくさん話をさせましょう。それがクラスの中で、自分の居場所があることを実感させることになるのです。

2 さあ、作文のスタートです

入学後二週目から始めた子どもたちの話が二巡目を終えるころ、ちょうど国語科ではひらがな指導が終了します。毎朝の話は、そのまま一年間継続しながら、作文をスタートさせます。話をたくさんしてきた子どもたちは、わくわくしながら作文を書き始めます。そんな子どもの意欲がなくならないように丁寧に指導しましょう。

❶……書き方指導

ひらがなの学習が終わったからといっても、マス目付きのノートをもらってすぐに作文が書けるわけではありません。初めに、原稿用紙の使い方を教えなければいけません。

題名はどこから書くか、名前はどこに書くか、どこから本文を書き始めるのか……。また、文の終わりには句点を打つなども教えます。教えたからと言って、すぐに正しくできるわけではありませんが、一つひとつ丁寧に教えていきましょう。

わたしの場合は、書き方指導のプリントを用意します。教材提示装置を使って教室の前に大きく映し出し、一緒に題名や名前を書く練習をし、短い作文を視写させます。これを三日ほど繰り返します。

❷……初めての作文

そして、いよいよ作文を書かせます。前述したような題材を見つける授業をし、題材をさがしておかせ、教室で一斉に書かせます。机間巡視をしながら❶で書いたような内容ができているかをチェックし、個別指導します。

最初からたくさん書くことを要求してはいけません。書くことへの苦手意識を生むからです。最初は、こちらが用意した縦十マス・横二十二行（題名と名前を書く行以外で二十行）のマス目付きのプリントに書かせます。自分の生活の中から題材を見つけ、読み手（教師）に伝えたいという内容が一つ入っていれば十分だと考えています。

そして、「生まれて初めての作文」として、全員の作文を一枚文集に載せて配付するのです。話をする時と同様、自分が書いた作文が紙面に載ることの喜びを感じさせるとともに、友達や自分の親、友達の親にも読んでもらえる喜びをも感じさせるのです。

努力したことは認められるという意識を持たせることは、それ以降の作文を書こうとする意欲に繋がっていくと考えています。

POINT

すぐに正しく書けなくてもかまわないので、まずは書き方指導を丁寧に行いましょう。たくさん書けなくてもかまわないので、書いたことを認めていきましょう。

3 題名のつけさせ方

読み手が一番最初に目にする題名。安易な題名をつけるのではなく、読み手を引き付けるよう一工夫させましょう。

作文を人間の体にたとえると、題名は顔にあたるのではないかと思います。読み手の目に最初に飛び込んでくるのが題名だからです。第一印象を決める題名は、とても大切です。

しかし、題名のつけ方について学んでこなかった子どもは、高学年になっても、運動会の作文には「運動会」、遠足の作文には「遠足」と安易に題名をつけます。題名のつけ方も指導しなければなりません。

❶……作文を書き終えてから題名をつけさせる

作文を書き始める時、いつも子どもたちは最初に題名を書きます。何について書くかを決めて書き始めるわけですから、題名はすぐに思いつくからです。しかし、それではつまらない題名しかつけられません。

題名は、作文を書き終えてからつけるように指導します。ただし、それは、中・高学年の場合においてです。そして、次のようなポイントをあたえます。

・書き終えた作文の中から、自分が伝えたいことが表れている言葉をさがそう。

・「　」の中の言葉に自分の伝えたいことがないか、さがそう。
・読む人が引き付けられるような題名にしよう。

❷……心の言葉を題名にさせる

右のような指導をしても、低学年には伝わりません。低学年では、自分の心の動きに目を向けるよう指導します。作文は、自分の生活を振り返って心が動いたことを書くものです。とてもうれしかったこと、とても悲しかったこと。自分がどんな心の動きをしたことについて作文を書くのか確認させ、「びっくりした」や「いたかった」などの題名をつけさせます。そして、「びっくりした」という題名なら、読む人は、「どんなことにびっくりしたのかな?」「どれくらいびっくりしたのかな?」と思って、興味津々で読んでくれるでしょうという話をします。

題名に意識を持たせ、考えて題名をつけさせることは、話が横道に逸れ何が書きたいのか分からなくならないように、焦点を絞らせることにも役立つと考えています。

POINT

低学年では、心の言葉を題名につけさせることによって、話を一つのことに焦点化する意識を持たせましょう。

4 よく思い出して書かせる

入門期にたくさん話をし、クラスの友達に聞いてもらい、自分の居場所があることを実感した子どもたちは、どんどん作文を書いてきます。先生に、自分のしたことを伝えよう、一枚文集に載せてもらって、みんなにも伝えようという気持ちで、たくさん書いてきます。それは、とてもいいことなのですが……高学年のように字を書き慣れていない子どもたちが、一字一字文字を紡ぐには時間がかかります。教師も、丁寧に字を書くように指導します。すると、子どもたちは、書きたい気持ちだけがどんどん先に立ち、言葉や表現が追いつかなくなる時があります。結果的に、書き上げた作文は、読み手に意図が伝わらない作文になってしまいます。

このために、よく思い出して書くということを指導しなくてはなりません。ただ、よく思い出して書いているつもりの子どもたちに「よく思い出して書こう」と言っても通じません。よく思い出すとは、具体的にどうすることかを教えてやらなければなりません。

❶……したことをしたままに書かせる

よく思い出して書く基本は、したことをしたままに書くということです。友達と遊んでとても楽しかったことを書く時、「何をして、何をして、何をしたのか」順序良く書かせます。時に、ダラダラ作

文になることもありません。それでもかまいません。まずは、したことをしたままに書かせましょう。

よく思い出して書くことで、自分がした体験をもう一度頭の中で体験することになるのです。友達と大笑いしながら遊んだ時のことを書こうとした子どもがいたとします。その子は作文を書く時、友達のことをもう一度思い出します。そして、友達と遊ぶことの楽しさを感じ、友達の大切さを改めて実感するのです。これが、心を育てていくということなのです。

❷……よく見て書かせる

ある日、お母さんに叱られたことを作文に書いてきた子どもがいました。妹と家で暴れていて、お母さんが大切にしていた花瓶を割ってしまったのです。その子の作文の内容は、

> 妹と家の中で走り回って暴れていた↓体が花瓶に当たり、花瓶が落ちて割れた↓お母さんが来て、叱られた↓お母さんが片付けをしてくれた

という内容でした。❶で述べたように、したことをしたままに順序良く書いています。自分の生活を振り返って書いています。ですが、何か物足りなさを感じます。

それは、お母さんがどんな表情で叱ったのか、花瓶が割れた様子はどうだったのかが分からないからです。お母さんがすごい剣幕で叱ったのかもしれません。花瓶の破片がそこら中に飛び散ったのかもしれません。しかし、その状況は伝わってきません。したことだけを作文に書いて、見たことを書いていないからです。

したことをしたままに書けるようになった子どもには、見たことを見たままに書くように指導し、ス

テップアップさせていきましょう。

低学年の場合は、個別指導が適しています。したことをしたままに書けるようになったと思える子どもには、「叱っているお母さんは、どんな顔をしていたの？」「花瓶はどんなふうに割れたの？」などと、そばに呼んで聞いてあげます。そして、作文帳の隅に、子どもが言ったままにつけ足してあげます。そういうことを繰り返すことで、少しずつ子どもたちに、よく見ることを意識させていくのです。

❸……「　」を使って書かせる

❷で紹介した作文には、もう一つ足りないことがあります。お母さんがどういう言葉を使って彼女を叱ったのか、それを書いていないのです。どうやって謝ったのかも書いていません。

子どもが過ちをおかした時、同じ過ちをおかさないように親は必ず謝らせます。お母さんは、どうやって自分を叱ったのか、そして、自分はどうやって謝ったのか。その後、お母さんは、どのように自分を諭してくれたのか、それをもう一度思い出して作文に書くことで、子どもはしっかりと反省するのです。言ったこと聞いたことを思い出し、作文に書かせるように指導していかなければなりません。

作文は、基本的に方言を使わず、共通語で書くよう指導します。しかし、「　」の中は違います。言ったこと聞いたことをよく思い出して書かせるのですから、大阪弁なら大阪弁で、東京弁なら東京弁で、言葉を発した人が言った通りそのまま書かせなければいけません。

よく見るだけでなく、よく聞く子どもに育てましょう。

❹……思ったままに書かせる

楽しかったことやうれしかったことを、子どもたちは作文に書いてきます。ですが、生きていく上で、必ず辛いことや悲しいことが起こります。そんなことも正直に書かせなければなりません。

低学年の場合は、道徳の時間を使い、友達からされて嫌だったこと、悲しかったことを言わせます。そして、それについて思ったこと、感じたことをそのまま作文に書いておいでと、伝えます。低学年の子どもの嫌だったことや悲しかったことは、それほどたいしたことではないことが多いのです。ですから、低学年の間に、作文には楽しかったことやうれしかったことだけではなく、嫌だったことや悲しかったこと、先生に相談したいことも書いていいんだということを教えていくのです。嫌なことや辛いことがないという子には、普通に思ったことを作文を書いておいでと伝えます。

低学年でも、これは取り上げなければと思った内容に関しては、もちろんクラスで取り上げます。一枚文集に載せて保護者にも知らせた方がいいのかどうかは、熟慮して判断します。

POINT

したことをしたままに、思ったことは思ったままに書かせましょう。よく見てよく聞いて書かせましょう。そうして、まわりをしっかり見つめる目を育てていくのです。

5 心が動いたことを書かせる

❶……心を動かしていることに気付かない子どもたち

持ち上がりではなく二年生のクラスを担任した時のことです。一年生の時、あまり作文を書くことなく一枚文集も発行されなかった子どもたちでした。作文を書くという意識がほとんどないのです。そんな子どもたちに、始業式に作文を書かせました。始業式は新しい担任との出会いがあり、子どもたちはドキドキして登校するものです。そして、そのドキドキ感を作文に書いてきます。

しかし、この子たちは違いました。「今日のドキドキした一日について作文を書いてこよう」と声をかけたにもかかわらず、ほとんどの子どもが、二年生になってがんばりたいことを書いてきました。作文には心を動かしたことを書くということを知らないのです。近い未来についての目標を書くことも大切ですが、この子たちには、自分の生活を振り返り、心を動かしたことを見つめ直し作文を書くことを教えなければならないと感じました。

第2章で述べた〝題材見つけ〟の授業はもちろん行いました。しかし、それだけでは、自分の生活を振り返ることはできても、心を動かしたことを見つめ直すまではいかないと感じ、プリントを用意しました。

「もう」とおこりました
「もう。」

とわたしはおこりました。

「しょうがないやんか。」

と、おばあちゃんも言いかえしました。

テレビのとりあいをしていたら、おかあさんに、

「もう、うるさいわね。いいかげんにしなさい。」

と、おばあちゃんとわたしがおこられました。

そのまま学校にいってかえるとき、おばあちゃんがおむかえなのに
気がついて、でんわして、

「ごめんなさい。」

と、おばあちゃんに言ったら、おばあちゃんが、

「いいよ。」

と言ってくれました。

あまがさきについて、いっしょにアイスクリームをたべました。

そのとき、気もちがしあわせでした。アイスクリームのあじは、
イチゴとバナナのあじがしました。

❷……プリントで補う

自分の心の動きに目を留めるため、自分の心がどう動いたか選ぶ項目があります。「とてもうれしかった」「とても悲しかった」などの項目を書いておいて○をつけさせます。目を留めるだけでなくそこで立ち止まり、心を動かしたことを見つめ直させるために、どんなことがあったかメモを取らせます。そして、いくつかのメモの中から書く内容を選び、いちばん詳しく書きたいことはどんなことかを整理してから書かせたのです。

上の作文を書いた子どもは、腹が立ったことに目を留めました。腹が立った後、反省した自分の心の動きを思い出しました。そして、ごめんなさいと謝ったことを素直に表現することができました。

POINT

今、この子たちには何が足りなくて、何を教えなければいけないのか。それを見極め、プリントを用意するのは、作文教育も教科教育も同じです。

6 作文で心を開かせる

無口で会話が成立しない子どももいます。作文がそんな子どもと教師の橋渡しになってくれることもあるのです。

❶……無口でほとんど声を出さないAくん

一年生のクラスを担任した時のことです。Aくんという無口な男の子がいました。朝の健康チェックの時は、大きな返事をして答えてはくれるものの、視線がわたしと合うことはありませんでした。順番が回ってきてする話も、内容はきちんと話せているものの、常にもじもじし、どこを見ているかも分からない状態で話していました。質問されて答える時も、質問者を見ることができません。

❷……作文がAくんとわたしを結びつけた

そんなAくんが劇的に変わったのは、作文を始めてからでした。書いてきた作文に赤ペンを入れて返すようになってから、彼の表情が変わっていきました。下の作文は、彼が生まれて初めて書いた作文です。

> くやしい
>
> せんせいあのね、ぼくは、きょういえでこんちゅうをつかまえられませんでした。とてもくやしかったです。

小学生のころ、虫好きだったわたしは、虫とりがおもしろいこと、逆に虫がとれなかった時のくやしい気持ちが分かることなど、赤ペンを入れて返しました。それが彼のスイッチを押したようでした。その後すぐ、彼は、「飼っているカマキリが脱皮したこと。そのカマキリにアリを食べさせようとして失敗したこと」を書いてきました。その時も、わたしは、自分がカマキリを飼っていたことに触れながら、Aくんをいっぱいほめる赤ペンを入れて彼に返しました。それからというもの、彼は平均して週三回は作文を書いてきました。それは一年間続きました。もちろん、クラスでトップの作文量です。

左の作文は、九月の参観日で保護者に運動会のダンスの練習を観てもらった時のものです。自分の心の動きをわたしに伝えてくれています。無口で視線を合わさない彼が、自分の気持ちを「とてもとても……」と表現してきてくれたことに驚くとともに、たいへんうれしく思いました。

彼が口から発した言葉を、その後もほとんど聞くことなく一年は終わりました。しかし、彼は作文を通してわたしと会話してくれていたのです。

はずかしかった

きょうは、ママたちがくるさんかんびでした。ぼくがいちばんすきだったのは、ダンスでした。ママたちがいたので、とてもドキドキしました。でも、ぜんぶできました。とてもとてもうれしかったです。ひらおよぎのところがおもしろくて、えんになるところがむずかしかったです。

POINT

様々な子どもがいます。もし無口で会話が成立しない子どもがいたなら、その子をよく観察し、適切な赤ペンを入れてあげましょう。作文でも心を開いてくれることがあるのです。

コラム 3

ある年のことです。担任したクラスの子どもの中に、学力の低い子どもがいました。授業中、たまに発言するものの、音読はたどたどしく、全ての教科のテストで平均点を大きく下回っていました。作文も、全く書いてきませんでした。自分の思いをスラスラと表現できないからです。しかし、書けない子どもでも、心は動かしています。その心を何とか表現させてあげたいと思いました。

放課後、最近あったことを話させ、聞き書きして作文を書き、一枚文集に載せたことがありました。休み時間は友達と楽しく生活できるので、大笑いしている時に、今あったことを作文に書いておいでよと声をかけたこともありました。書いてきてくれた作文は、三文だけの短いものでした。

わたしは、彼女の心を考えず、自分の都合でその子に声かけをしていたことを、後に知らされることになります。三学期の修了式の日です。その子が手紙を書いてきてくれました。「先生、一年間ありがとうございました。ぜんぜん作文を書かずにごめんなさい。先生が大好きです。」と書かれていました。一枚文集に一人だけ載らないのはかわいそうだから、聞き書きしてでも作文を書き上げようとしたのは、わたしの独りよがりな考えです。今あったことを作文に書いておいでよと声かけしたのも、彼女にプレッシャーをあたえるだけだったのです。心を育てる作文教育と言いながら、子どもの心を傷付けていたことに大きな衝撃を受けました。

子どもの心をしっかり見つめ、心の叫びを少しでも聞き取れる教師になるために、更に勉強していかなければと考えさせられた瞬間でした。作文教育は奥深いもの。だからこそ、やりがいも大きいもの。これからも勉強し続けていかなければなりません。

第　4　章

実践！
中学年の作文指導

中学年は、少しずつ視野を広げていく時期です。
自分が何を伝えたいのかを、はっきり書かせる時期です。
子どもをよく観察し、
子どもの実態に合った様々な手立てを講じていきましょう。

1 ギャングエイジという時期だからこそ

誰もが迎えるギャングエイジと言われる時期。子どもの成長をしっかり見つめて、作文教育にも活かしていきたいものです。

❶……「ギャングエイジ」という時期

わたしは小学生のころ、野球少年でした。毎日、帰宅した瞬間にランドセルを放り投げ、バットとグローブを持って河原へ。河原のそばの野球場で、クラスの男の子たちと日が暮れるまで遊んでいました。

そんなある日、人数が集まらず野球ができなくなり、ある男の子と二人で河原で遊んだことがありました。その時、大きな土管が二つ置いてあるのを見つけたのです。わたしたちが中に座っても十分余裕があるほどの大きな土管です。そこをわたしたちの基地と決めました。次の日からは野球そっちのけで、友達とお菓子や漫画を持ち寄り、二人だけの秘密の時間を過ごしました。

数年後、高校の倫理・社会の授業で、ギャングエイジという言葉を知りました。三、四年生という時期、大人には内緒で自分たちの基地を作ろうとすることは発達段階として普通であること。そういうことを経ずに成長すると、将来横道に逸れる可能性が高いということなどを知りました。

その友達との秘密の生活は、しばらくしてあっけなく終わってしまいます。ある日、土管の近くに段

ボール箱が置いてありました。その中に数匹の子猫が入っていたのです。捨て猫です。正義感に満ち溢れたわたしたちは、小さな猫を捨てる人間の身勝手さに憤り、自分たちで育てることを決心しました。次の日の給食を少しずつ残し、家からミルクを持って再集合する約束をしました。わくわくして基地に駆けつけましたが、子猫は野犬か何かに襲われたのでしょう。血を流して死んでいました。その惨状は今でも脳裏に焼きついています。

ショックの大きさに、わたしたちは二度とその基地に近づくことができず、秘密の生活は終わってしまいました。あっという間のできごとでしたが、このことは、今でも親は知りません。今でも、わたしと友達だけの秘密なのです。

❷……親や先生よりも友達関係

子猫の話はさておき、わたしは楽しかったその数日の生活が、今でも忘れられません。親も先生も知らない、友達との秘密ということが大きいのだと思います。これが誰でも通る道なのです。中学年という時期は、友達を大きく意識する時期ということです。自分や家族を見つめることが多い低学年から成長した子どもたちは、親や先生よりも、友達との関係や友達との秘密を重視するようになります。

そんな子どもの発達段階を理解しながら、作文教育も考えていかなければならないと思います。

POINT

ギャングエイジの時期、子どもたちは親よりも先生よりも友達との関係を優先します。そんな子どもの状況を把握し、どんなことに目を向けて作文を書かせるか考えましょう。

2 友達を見つめさせる

❶……ギャングエイジだからこそ友達を見つめさせる

友達のことを大きく意識するようになる時期が、中学年と書きました。親や先生よりも、友達との関係や秘密を重視するようになると書きました。だからと言って、親や先生に秘密を持たせないように指導しようと考えるのは間違いでしょう。それが、子どもの発達段階なのですから。それよりも、もっともっと友達を見つめ、友達の素晴らしさを見つけるために、意図的に友達のことを作文に書かせるようにしています。

❷……友達への感謝の気持ちを書かせる

次のページの作文は、三年生のクラスを担任した時のものです。クラス替え後一か月経った時に、友達について書かせました。友達について書きなさいと指示するだけでは、子どもは戸惑います。その指示だけでは、どの学年にも出せる指示ですが、子どもの発達段階を無視した指示だと思います。友達の何を見て書くのかを示してあげなければなりません。この時は、友達にありがとうと感じたことを書こうと指示を出しました。先ほどから書いているように、ギャングエイジという時期だからこそ、もっとしっかりと友達を見つめ、素晴らしさを感じてほしかったからです。

友だち

三年生になって、一か月がすぎました。さいきんは、毎日学校に行けるようになってきて、すごくうれしいです。

前は、外でちょっとあそんだだけで、つかれていました。でも、今は、あそんでもつかれません。

学校に行くと、いつも友だちがやさしい言葉をかけてくれます。たとえば、

「だいじょうぶ?」

「しんどかったら言ってね。」

ほかにも上ぐつをもっていってくれたりしてくれました。

やさしい友だちがたくさんいて、まい日学校に行くのが、とても楽しいです。こう南小学校でよかったです。みんなありがとう。

この子は、二年生の時、悪性リンパ腫(後に完治)でほとんど登校できませんでした。三年生になりやっと登校できるようになったのです。そして、自分の体を気遣い手助けしてくれる友達のことを見つけ、ありがとうの気持ちを書きました。これを一枚文集に載せ配付することにより、クラスの子どもたちは、この子の心を読み取るだけでなく、自分たちの行為を誇りに思い、更にやさしい行動をとってくれます。

友達を見る目を育て、友達の素晴らしさに目をやり、更に仲間意識を強めていくのです。

このクラスには、先天性ネフローゼ症候群を患い、欠席がちだった女の子もいました。その子も、この後、学校に来られた時は、積極的に友達と関わり、何度も友達との楽しい時間について作文を書いてくるようになりました。

POINT

親や先生よりも友達との関係を大事にする時期だからこそ、友達への感謝の気持ちを持たせるように意図的に作文を書かせましょう。

3 お母さんに目を向けさせる

ギャングエイジの時期だからと、意図的に友達に目をやり作文を書かせるようになると、たくさん友達のことを書いてくるようになります。ただ、それだけでは成長は引き出せません。前述したように、親や先生よりも友達を優先するようになる時期だからこそ、改めて、お父さんやお母さんに目を向けることもしていかなければならないのです。家庭が生活の基盤だからです。

❶……お母さんを観察して作文を書かせる

お母さんという存在は、子どもにとって最も身近で最も甘えられる存在です。「うちのお母さん、めっちゃこわいで」「また昨日お母さんに叱られた」などの会話が昼食時に聞こえてくる時がありますが、そう話している子どもの顔は楽しそうです。お母さんの愛情を感じているのです。ですから、お母さんの作文は、作文の書き方が分からなくても、ある程度子どもたちは書いてきます。しかし、第2章①の❷でも書いたように、書けるからこそ、視点がぶれた内容の薄い作文になってしまうことも多々あります。そうならないためには、視点をあたえて作文を書かせなければなりません。

❷……視点をあたえる

なぜ、お母さんの作文を書かせるのか。その大きな理由は二つ。一つは、日ごろ、お母さんが子どもたちのために何をしてくれているのかに目をやり、感謝の気持ちを持たせること。もう一つは、自分のお母さんは素晴らしい人だと感じさせること。そこに目を向けさせるために、プリント（70〜71ページ参照）を用意しました。ただ、それだけでは低学年との差がありません。

そこでつけたのが、友達に自分のお母さんを紹介させるための項目です。お母さんの人間味ある姿にも目を向けてほしいと思い、お母さんのドジなところをメモする項目もつけました。そして、お母さんを観察させてメモをとらせ、作文を書かせたのです。

できあがった作文は、とっても働き者の素晴らしいお母さんの姿と、普段はあまり目が向かないドジな姿が混じった、心あたたまるものになりました。

POINT

中学年でもお母さんについての作文を書かせます。どんなことに目を向けてほしいかを考えて、子どもに具体的に書く視点をあたえてあげましょう。

●具体的に書く視点をあたえるためのプリント

三年生　国語プリント

「おもしろいもの見つけた（作文）」

組（　　　　）

◆「お母さん」についての作文を書きましょう。

・作文を書く時は、相手をよくかんさつすることが大切です。

→ そこで
今回は、お母さんを
よくかんさつし、
メモをとり、
作文を書きましょう。

■メモをとるないよう、かんさつするないよう・・・

①お母さんのしょうかい

④お母さんのドジなところを見つけてメモに書こう。

■メモができたら、書くじゅん番を考えよう。

（　　　）←（　　　）←（　　　）←（　　　）

■一番はじめの文（書き出し）は、とっても大切。

読む人がひきつけられるような「書き出し」を考えよ

② お母さんが家で、いろいろなことをしてはたらいている様子をかんさつしてメモに書こう。

③ お母さんのすごいところ、すばらしいところを見つけてメモに書こう。

■ 書き出しがきまったら、作文を書きましょう。できるだけくわしく、自分のお母さんについて書いてください。

■ 作文ができた人は、さいごのチェックを・・・

・習った漢字は使っていますか?

・字のかきまちがいは、ないですか?

・字がぬけてしまっているところはないですか?

・読んでおかしいところはないですか?

■ チェックが終わったら、先生にてい出しましょう。

4 作文で真っ直ぐな子どもの心を受け止める

わたしのクラスには四大規則というものがあります。クラスの目当てです。そのうちの一つは「いいかげんはダメ！」。元々三大規則だったのですが、高学年を担任した時に、これをつけ加えました。そんな項目をつけ加えたくなるほど、高学年になると、「まあ、いいやん。それぐらい」という雰囲気が流れ出します。

しかし、低学年よりも成長し、まわりが見えるようになった中学年は違います。友達との関係を大切にしながら、クラスや学校をよくしようと考え、いいかげんなことへ怒りを向ける子どもが増えてきます。そんな真っ直ぐな子どもの心を、教師は大切に受け止めてあげなければいけないと、いつも考えています。

❶……クラスのいいところを見つめさせる

中学年を担任すると、クラスが落ち着いてきたころに、クラスのいいところを見つけて作文を書かせるようにしています。ある時、日直がそうじの見回りをするのですが、日誌を見て最近×のチェックがどんどん減ってきていることに目を向け、作文に書いてきた子がいました。その作文を紹介すると、ますます子どもたちは一生懸命そうじに取り組むようになりました。またある時、学級活動の時間に、

ドッジボールで男子が下手投げで女子にボールを投げていることに目を向け、作文に書いてきた子もいました。その後、そんな男子が増えたのは、言うまでもありません。

何に対しても一生懸命に取り組もうとするきれいな心が素晴らしいことは、中学年の時にしっかりと胸に焼きつかせたいと思います。

❷……クラスでできていないことも見つめさせる

クラスという集団で生活する時、いいことばかりがあるわけではありません。悪いこと、できていないこと、そこへもしっかりと目を向けさせて、さらにいい集団になるようにしていかなければなりません。これも、中学年で大切にしていきたいことであると考えています。

クラスの終わりの会のやり方について、このままではダメだという作文を書いてきた子がいました。今日の目当てが守れていない人がいた時、「今度から気を付けてください」というだけじゃなく、どうして目当てが守れないのか、どうしたら守れるようになるのかを相談するべきだというのです。みんなが納得し、その後は話し合いが持たれるようになりました。

作文はクラスを変えていく力もあるのだと、中学年の子どもに教えられました。

POINT

クラスのいいところも悪いところもたくさん見つけて作文を書かせましょう。その作文は、クラスを変えていく力を持っているのです。

5 視野を広げさせる

中学年は、少しずつ視野を広げている時期です。子どもがいろいろなことに目を向けられるような手立てを講じていきましょう。

以前、四年生の国語の教材に「ツバメがすむ町」という説明文がありました。四年生にはぴったりの教材だなと思っていました。中学年では、少しずつ視野を広げ、身のまわりの草花や生き物に目をやり、作文を書いてくる子が少しずつ増えてくるからです。

子どもの発達段階を考え、教科書にツバメの話が載るように、作文でも子どもの発達段階を考え、草花や生き物をやさしい眼差しで見つめ、感じることができる子どもを育てたいと考えています。

❶……意識的に視野を広げさせる

わたしが勤める学校と最寄り駅の間にスーパーマーケットがあります。春、そのスーパーマーケットの屋根に毎年ツバメが巣を作ります。そのころになると、わたし自身が巣を観察し、「今、ツバメが巣を作ってるよ」とか「ひながかえったみたいだよ」と子どもたちに報告します。子どもたちの興味をそそり、作文を書くことに繋げていくためです。こういう報告をすると、必ずツバメの巣やひなを観察し、作文を書いてくる子が出てきます。それを、一枚文集で紹介し、子どもたちの視野を広げていきます。

❷……国語の時間を活かす

わたしは理科を担当したことがありません。中学年では、生活科もありません。それでも、国語の時間を活用して「春を見つけよう」と声をかけ、子どもたちを運動場に連れ出すことがあります。きれいな花を見つけるだけでなく、においをかぐ子ども、小さな虫を見つけて観察する子ども……。あたたかい春の日差しを浴びて、「先生、気持ちいいね」と言う子どももいます。

こういう体験をさせ作文を書かせることで、無意識の間に自然の素晴らしさを感じたり、命の大切さを感じたりしていくのだと信じているのです。

このような活動をすると、子どもたちはいろいろな生き物について作文を書いてくるようになります。金魚、インコ、うさぎ、熱帯魚、ホタル、ツバメ、スズメなどです。自然ではなく自分が飼っている生き物のこともありますが、自分のまわりに目をやり、作文を書いたことをほめてやりたいと思います。

POINT

生き物や草花に目を向けることは、視野を広げるためにたいへん役立ちます。いろいろな教育活動を行い、作文を書かせましょう。

6 少しずつ世の中のことへ目を向けさせる

低学年の子どもは、自分の生活を振り返り、家族や友達、先生との関わりに目を向けて作文が書けるようになればいいと考えています。中学年は、それよりも視野を広げさせるようにしなければなりません。本章で書いているように、友達への見方が低学年と違います。そこに目を向けさせます。

では、中学年では、どこまで視野を広げさせればいいのでしょうか。

❶……身近な社会から

高学年になるまでに、身近な社会に目を向けられるようになってほしいと考えています。最近の子どもたちは、わたしたちのころよりも、体も心も成長が早い気がします。わたしたちが中学生のころ経験した反抗期も、今では高学年で起こす子が少なくありません。反抗期に入ると、大人への嫌悪感がひどくなります。先生や親だけでなく、社会の大人全体に嫌悪感を持ち始めます。彼らが言っていることも一理あるなと感じることもありますが、理不尽な言い掛かりのような内容を口にする子もいます。そうなる前に、中学年では、身近な社会に目を向けるようになってほしいと考えています。

❷……身近な社会に目を向けさせるために

わたしが勤める学校の子どもたちは、三分の二が電車やバスで通学しています。ですから、電車やバスでいいことをしている人を見つけさせたり、困る人を見つけさせたりします。また、保護者にお願いして、住んでいる町や市のことで、困ることや工夫されていることなどを子どもに話してもらうようにもしています。

世界のみんなは知っているのに

先生は、動物愛ご週間という日を知っていますか。（中略）動物愛ご週間は、九月二十日金曜日です。九月二十日は、とても大切な日なのかな？　動物にも人間たちのように、いろいろな日があることが分かりました。

人間に害があるからと、言って、動物をころしてしまうというのはやめてほしい。

この前、あし屋市で、山の上からいのししがおりて来て、人間のじゃまをするというので、いのししをころすと聞きました。わたしは、「いのししをころすなんて大まちがいだ。」と思いました。なぜかと言うと、人間が山をけずって、どんどんいのししのえさやすみかをうばっているからです。

なぜ、人間は動物の気持ちを考えないのだろう。世界の人々が動物愛ご週間を作ったのに、なぜ守らないのだろう。自分たちがそのような日を作って、どうしてそれを守らないのだろう。何のために動物愛ご週間なんて作ったのだろう。

そんなことをしていると、四年生で上のような作文を書いてきた子がいました。この子は、カレンダーを見て動物愛護週間を知り、お母さんとの間で話題になりました。その時に、お母さんからいのししのことを聞いたのです。そして、その二つの内容が心の中で一つになり、心を動かし、作文を書いてきたのです。

中学年でも、こうやって意識的に身近な社会に目を向けさせると、心をたくさん動かすのです。

POINT

中学年の子どもにも、社会に対する目を向けさせることはできます。そのために、教師が意図的に子どもに働きかけましょう。

7 作文を詳しくさせる

いろいろな視点をあたえ、作文を書かせると、視野が広がった子どもたちは、進んで作文を書いてくるようになります。朝、教室で子どもたちを迎え、荷物をランドセルから机の中に入れ替えたり宿題を提出したりする様子を観察している中、宿題でもない作文帳を出してくる子どもを見るとうれしくなります。

ただ、作文は書いてくるものの、中身は不十分で、「ここをもう少し詳しく書いてくれたらなあ」と感じることがよくあります。

❶……質問で詳しくさせる

自分の生活を振り返り、いい着眼点で作文を書いているのに内容が薄いなあと感じた時は、書き直させることがあります。もちろん、「もっと詳しく書いておいで」と声をかけても、せっかく書いてきたのにと子どもは思うだけです。作文嫌いになるだけでなく、教師との関係も崩れるかもしれません。わたしは、とてもいいことに目を向けて作文を書いていると認めた上で、もっと詳しく知りたいから、先生の質問に答えてほしいと、具体的に質問をいくつか赤ペンで入れます。すると子どもは、質問の返事として作文を書き直し、再度提出してくれます。

❷……書き直した作文は必ず一枚文集に載せる

次のページの一枚文集は、作文を書き直す前と後との両方を載せたものです。どうして絵本をプレゼントすることになったのか、どんな本をプレゼントするのかなど、下段の作文の方が詳しくなり、自分の気持ちもたくさん書かれています。

教師側から書き直しを頼んだのですから、書き直した作文は必ず一枚文集に載せて認めてあげます。また、最初の作文と比べて書き直した作文が詳しくなったことを、クラスの子どもたちにも理解させ、自分が作文を書く時に、こういうことに気を付ければいいんだなという意識を持たせたいと考えています。

POINT

赤ペンで具体的な質問をあたえ、作文を書き直させてみましょう。いい作文だからこそもっと知りたいと、子どもに伝えることが大切です。

●書き直す前と後との両方の作文を載せた一枚文集

絵本は心を育てるもの。平川さんは、ほ育園の子どもたちの心を育てるためにひと役買うことにしました。

ほいく園

平川　智佳子

前、家の近くのほ育園に、「絵本をもらっていただけますか。」と聞きに行きました。答えは、「いいですよ。ぜひ、ください。」と言ってもらえたので、さっそく本のせい理を始めました。いろいろなつかしい本がたくさんでてきて、びっくりしました。絵本はほ育園にあげてしまうけど、その絵本はわすれないようにしたいです。

後、ほ育園の人たちにすごく大切にしてもらったり、読み聞かせの時、集中して聞いて

NO. 9

えがお

甲南小　4年1組

2014. 4. 22

ほいく園

平川　智佳子

前、家の本たながパンパンになっていてこまっていると、「たくさんある絵本をもう読まないし、ほ育園にあげよう。」ということになりました。「絵本をもらっていただけますか。」と聞きに行きました。すると、「ぜひ、ぜひください。」と言われたので、家にある四・五十さつぐらいの絵本を、この本はまだ読めるという本とほ育園行きの本に分けていきました。絵本には、昔、ママやパパに読んでもらっ

もらったりしたらいいなと思っています。

● 読まなくなった絵本をすてるのではなく、ほ育園にプレゼントする。平川さんのとってもすてきな作文です。すてきなないようなので先生は、このお話をもっとくわしく知りたくなりました。そこで、平川さんにいくつかしつ問をしました。

・どうして絵本をもらってもらうことにしたの？
・何さつぐらいプレゼントするの？
・その中にはどんな本があるの？
・その本には何か思い出がありますか？
・いつごろプレゼントするの？

そしたら次の日に平川さんは、作文を書き直して来てくれました。先生のしつ問にきちんと答えてくれているので先生はすっきりしました。
それが、下の作文です。

た「はじめてのおつかい」「図書館ライオン」「夜くま」「うちのパパはかっこいい」などの本があり、それらが一ばんおもしろく、心にのこった思い出の本です。絵本はほ育園にあげてしまうけど、その絵本はわすれないようにしたいです。

後、ほ育園の人たちが、あげた絵本をすごく大切にしてくれたり、先生が絵本を読んでくれている時などは集中して聞いたりしてもらいたいです。

本は、じゅんびができしだい持っていこうと思っています。わたしは本が大好きなので絵本はまた、図書館でかりて読もうと思います。

保育園の子たちも、心にのこる絵本ができてほしいな。

● 四・五十さつある絵本を、平川さんは分けてほ育園にプレゼントするか決めていったんですね。平川さんの思い出のつまった絵本もたくさんあるようです。平川さんのやさしい気持ちを受けとったほ育園の先生も子どもたちもきっと大切にあつかってくれることでしょう。

8 「はじめ・中・終わり」を意識させる

第2章の②の「構成を考えさせる」でも少し述べたように、中学年でも低学年と同じく、したことをしたままに、感じたことを感じたままに書かせることは大事にしたいと考えています。ただ、それだけではいけません。

学習指導要領には、中学年では「自分の考えが明確になるように、段落相互の関係などに注意して文章を構成すること。」「書こうとすることの中心を明確にし、目的や必要に応じて理由や事例を挙げて書くこと。」と書かれているからです。また、説明文教材は、段落相互の関係を意識して読ませなければなりません。

ですからこの時期には、一番伝えたいことは何なのか、それを伝えるために、どう段落を繋げていけばいいのか、段落や話の中心を意識させ、作文を書かせなければいけないのです。

❶……「はじめ・中・終わり」

中学年の子どもたちに、自分が書きたい話の中心は何かを意識させて書かせるためには、「はじめ・中・終わり」を意識させるようにしています。ただ、意識させるだけではうまくいきません。

「はじめ・中・終わり」にうまく分かれた作文を読み合ってから、作文を書かせたことがありま

す。「中」を詳しく書くことを理解した子どもたちでしたが、書き上がった作文を「はじめ・中・終わり」に分けると、「はじめ」と「中」がほぼ同じ量で「終わり」は一行ぐらいという作文が多かったのです。子どもは無意識のうちに、読み手のために必要以上の説明を書いてから本題に入るのです。ですから、「はじめ」が「中」と同じぐらいの量になってしまうのです。

❷……「中」に何を書くのか意識させる

そこで、手立てを講じました。プリント（84〜85ページ参照）を用意し、お父さんの仕事についてインタビューさせ、作文を書かせたのです。

プリントには、「はじめ」「中」「終わり」について何も触れていません。どこを「はじめ」にし、どこを「中」に、どこを「終わり」にすればいいか、子どもに考えさせるためです。まず「はじめ」に、お父さんの仕事を読み手に紹介すればいい。そして、その仕事に対するお父さんの様々な思いを詳しく書くことによって「中」にすればいい。家族のために一生懸命働いてくださっているお父さんに対して、自分はどんな思いを抱くのかを「終わり」に書いて締めくくればいい。このようなことを、子どもに考えさせることを意図して作ったプリントです。

お父さんの仕事についてメモを取らせた後、子どもたちに、インタビューした内容のどこの部分を「終わり」に持ってきたいか尋ねました。すると、最後の「毎日、こういうことをしてくださっているお父さんに対して……」の部分と答えました。次に、どこの部分を「はじめ」に持ってきたいか尋ねると、「仕事の内容」と答えました。そうすることにより、子ど

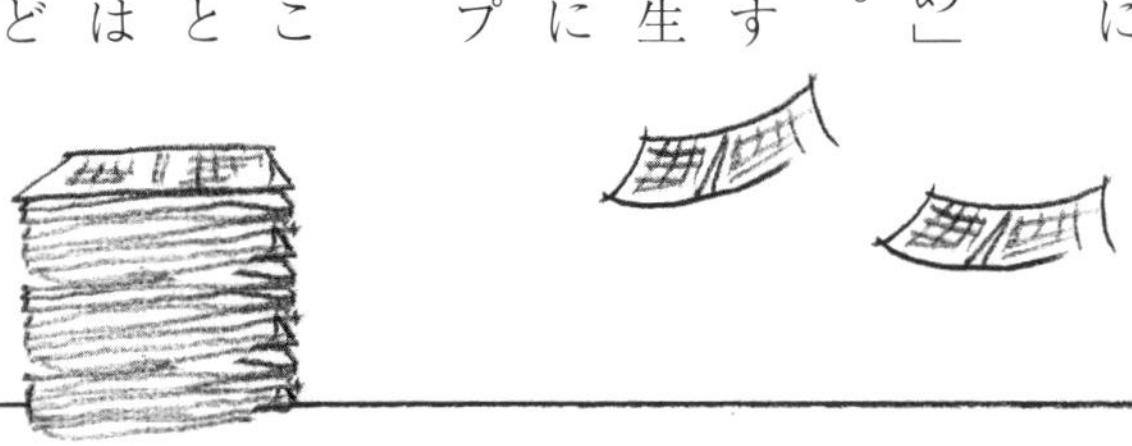

●「中」に何を書くのか意識させるプリント

組（　　　　　　　　　　）

	自分の感想
【　　】	【　　】
【　　】	【　　】
【　　】	【　　】
【　　】	【　　】

⇩

【　　】

【　　】

4年生　国語ワークシート 「仕事リーフレットを作ろう」

★お父さん・お母さんの仕事（家事でもいい）の内容についてインタビューし、
作文を書きます。

	聞いて分かったこと
仕事の内容	
たいへんなこと	
やりがいがあること	
とくにがんばっていること	

毎日、こういうことをしてくださっているお父さん、お母さんに対して・・・

・どう思いますか

・どんな言葉をかけたいですか

もたちは「中」の部分に「たいへんなこと・やりがいがあること・とくにがんばっていること」がくることに気付きます。

「中」でお父さんの仕事に対する様々な思いについて詳しく説明できることを理解し、作文を書き始めました。作文も、88～89ページに載せておきます。

（★プリントの中の【】には、１、２、３……と番号を書かせます。メモができて作文を書き始める時に、もう一度流れを確認させます。その時に、書く順番に番号を打たせます。流れを考えた時、うまく流れない内容には×をつけさせ、作文から省くようにさせます。）

自分たちのために働いてくださっているお父さんの仕事の内容を理解し、感謝の気持ちを持つことは大切だと考えています。

ただ、お父さんがいない家庭もあります。ですから、お父さんかお母さんの仕事とし、それだけではなく、お母さんの家事についてでもいいことにしました。職業としての仕事のことを聞かれたくない方もいるかもしれません。また、お母さんの毎日の家事について目を向け、感謝の気持ちを持つことも大切だからです。

何を題材にするかを考える時、教師の思いも大切ですが、子どもの家庭に踏み込む場合は、細心の注意が必要です。実際、わたしは、自分の子どもに教師であることを隠していました。そのことについては、ここでは詳しくは触れませんが、言わない方が子どものためと判断したからです。しかし、子どもの担任の先生の「お父さんの仕事についてインタビューしてこよう」という宿題で、わたしが教師であることが、わたしの子どもに知られるところとなったのです。

何度も書いてきましたが、作文は子どもの生活を振り返って書かせるもの。教師が題材をあたえる場合は、子どもの生活環境、友達との関係、クラスの雰囲気など細心の注意を払いましょう。

POINT

段落や話の中心を意識させるためには、「はじめ・中・終わり」を考えさせましょう。最初は「中」が詳しくなるような手立てを考えてあげなくてはなりません。

初め・中・終わりを意しきしてお父さんのお仕事をしょうかいしました。そして改めてお父さんへの感しゃの気持ちを持ちました。

NO. 111

えがお

甲南小　4年1組

2014. 11. 21

初め
・お父さんの仕事のしょうかいとかんたんな感想

中
たいへんなことやりがいが聞いた感想

一生けん命なお父さん

緒方　裕美

わたしのお父さんの仕事は、産ふ人科医です。

仕事の内容は、元気な赤ちゃんを産むのをお手伝いすることです。

わたしは、「かわいい赤ちゃんを見れていいなあ。」と思いました。なぜなら妹がいないし、実さいに赤ちゃんを見たことがないからです。

お父さんは、真夜中でも時間は関係なく、いつよばれるか分かりません。なので、よばれるのが真夜中ならば、すいみん時間が少ないです。でも、たおれたりしないからすごいなあと思いました。お父さんは、

「元気な赤ちゃんが生まれた時の、ご両親の笑顔がやりがいがある。」

と言っていました。わたしも同意です。わたしは、「ご両親の笑顔をもらえるぐらいがんばっているんだなあ。」と思いました。

お父さんは、仕事でこまることなどありません。なので、何でも不安なことを聞いて、しっかり説明するのをがんばっているんだそ

終わり

・お父さんや家族への感しゃの気持ち

・お父さんの仕事のあること。それと

うです。わたしは、それを聞いて少しかっこいいなと思いました。でも、言ったらはずかしいので、家族のだれにも言っていません。

お父さんは、元気な赤ちゃんを産むのをお手伝いするのもがんばっているし真夜中でもかん者さんのために、すいみん時間が少なくなってでも仕事をしたり、ご両親の笑顔をもらったり、いろいろがんばっています。なので、そこもかっこいいと思いました。

わたしは、ほぼ毎日このような仕事をがんばってくれているお父さんに、すごく感しゃしています。なぜなら、こんなすてきな友達がいる学校に、お父さんのおかげで通えているからです。お母さんも、お父さんといっしょにわたしのことをいろいろ考えてしてくれているので、お母さんにも感しゃしています。

わたしは、お父さんやさとやおねえちゃんに、一度も「いってらっしゃい」や「お仕事がんばってね」などと言ったことがまったくありません。なので、今度から「いってらっしゃい」や「お仕事がんばってね」と言います。


初めの部分でお父さんのお仕事をしょうかいし、中の部分ではお仕事について聞いたことや緒方さんの感想をくわしく書く。そして終わりの部分でお父さんや家族への感謝の気持ちを。とてもまとまった上手な作文です。

赤ちゃんはいつ産まれてくるか分からないから大へんですね。真夜中にお仕事をしないといけない時もあるけど、ご両親の笑顔のためにがんばるという緒方さんのお父さんはすてきですね。

コラム 4

わたしが小学生のころのことです。一、二年生の時、毎日日記を書かされていたと書きました。母親のひと言で、視野が広がったことも書きました。そのまま、二年間日記を書き続け、三年生に進級しました。

初めてのクラス替えがあり、担任の先生も替わりました。三十代半ばの字のきれいな女性の先生でした。とてもやさしい先生でした。ただ、日記の宿題はありませんでした。あまり深く物事を考えていなかったわたしは、三年生になり、担任の先生が替わったにもかかわらず、日記は書くものだと思って毎日提出していました。担任の先生も、何も言うことなく赤ペンを入れて返してくれました。

そんなことが続いたある日、先生が、みんなの前でわたしをほめたのです。「宿題にもしていないのに、毎日日記を書いてくる」と。クラスのみんなは、ひやかすことなく「すごい！」と言って拍手を送ってくれました。ほめられたことなどなかったわたしは、うれしくて、どうしていいか分からず、照れ笑いをしていました。

ただ、それがきっかけで、わたしは日記を書かなくなってしまいました。友達からひやかされたわけでもなく、ほめられたのが嫌だったわけでもないのにです。今、そのころの気持ちを思い出せないのですが、きっと、特別なことをしている自分が嫌になったのだと思います。その時の担任の先生には、本当に申し訳ないことをしました。今、お会いできたらひと言謝りたい気持ちでいっぱいです。

子どもの心は複雑です。何がきっかけで動き出すか、止まってしまうか分かりません。自分が担任をしていて迷う時、いつもあの時のわたしはどんな気持ちだったのかと、ふと考えるのです。

第 5 章

実践！
高学年の作文指導

高学年は、だんだんと作文を書かなくなる時期です。
子どもとの信頼関係を築きつつ、
様々な手立てを講じて、子どもの見る目を、感じる心を、
そして、書く力を伸ばしていきましょう。

1　高学年という時期だからこそ

高学年になると、作文を書く量が一気に減ります。宿題の量が増え、作文まで手が回らない子どももいるでしょう。単にわずらわしいという気持ちが先行し、書かない子どももいるでしょう。中には、友達の目を気にして書きたくなくなる子どももいるでしょう。人が見習うべきとてもいい生活をして書いた作文が、一枚文集に載り赤ペンでほめられたとします。今までならとてもうれしかったことでも、高学年になると、それにより友達がどう感じるか、ねたまれたりしないかの方が気になるようになります。そんなことを気にするぐらいなら、書かない方がましだと思ってしまうようです。

❶……まずは子どもとの信頼関係を

だからと言って、高学年には作文を書かせなくていいのでしょうか？　やはり、高学年でも生活を振り返り、自分のこと、友達のこと、親のこと、先生のこと、様々なことに目を向け、作文を書き、心を育てたいと思います。たくさんの作文を一枚文集で紹介し、クラスを一つにしていきたいと思います。

では、どうすればいいのか？　月並みですが、子どもとの信頼関係を構築していくしかないでしょう。子どもとの信頼関係を築く方法は、作文教育だけではありません。細かいところに目をやり、子どもの心を察し、様々な話をし、そして、作文でその関係を確かなものにしていくのだと考えています。

❷……信頼関係が作文を書かせる

94～95ページの作文は、六年生女子が書いたものです。夜中にお腹を出して寝ていたこと。それでお腹を壊してしまったこと。つまり、下痢をしてしまったこと。学校でもお腹が痛くなったこと。特に多感な時期には恥ずかしいであろうことを、六年生の女子が書いてきました。

この子は、下痢をして恥ずかしいと考えるよりも、自分の調子が悪い時に、自分を心配してくれた友達への感謝の気持ちを伝えたくて、作文を書いてきたのです。高学年でも、本当に心が動いたら、何かを伝えたいと思った時に伝えられる雰囲気がクラスにあったら、作文を書いてくるのです。

様々な方法で子どもとの信頼関係を築き、高学年でもたくさん作文を書かせたいと思います。

POINT

子どもとの信頼関係を構築していきましょう。そうすれば、高学年でも子どもたちは作文を書いてくるのです。

●六年生女子が書いた作文

おなかの一大事はたいへんでしたが、友達のやさしさが、山本さんを救いました。寝冷えには気を付けましょう。

おなかの一大事

山本 奈央

九月ももう終わりに近づいたころ、いつも暑くて暑くてたまらなかった夜も、少しずつ冷えてきた。ねる前は暑くても、明け方は、ひんやり寒くて、もうそろそろ秋も深まってきている。

「朝方は寒いから、ちゃんとおふとんかぶってねなさい。」

と、母に言われるけれど、わたしは、いつの間にかお腹を出して大の字になり、ふとんをお尻にひいているか、まるめてまくらにしているか、それとも、ベットから落ちているかで、母をよく困らしているらしい。そして、わたしは、とうとうね冷えをしてしまった。

「ぐるるる。」

朝会の時、お腹が鳴った。これは、お腹がへった音ではない。消化の音でも

ない。ね冷えの結末だった。そして、急にお腹が痛くなりだした。ぐっとお腹をかくし、温めた。その姿を見て、デルビーが、

「奈央、お腹痛いん？」

と聞いてくれた。あっくんは、そんなわたしをからかっていたけれど、わたしがしんどそうにすると、少しびっくりした様子だった。それから、芝川くん、アヤタン、ユウちゃん、リーちゃんたちが心配してくれた。わたしは、うれしくてたまらなかった。

　でも、次の日の朝も、その次の日の朝も、わたしは、お腹の一大事を起こした。しかし、もう大丈夫。今では、ちゃんとお腹巻きもしてねているし、もう、お腹の一大事は起こさないと思う。

　そして、やっぱり、みんながわたしを心配してくれたやさしさは、まだ、わたしの心に残っている。お腹の一大事も、たまにはいいものだ。

●

　山本さんの作文にあるように、九月の終わりごろ、夜は暑いけど明け方は寒いという日が続きました。夜中、みんなも、山本さんのような状態になってお母さんを困らせていたのではないでしょうか。はずかしながら先生も、山本さんのような状態になっていたことが何回もありました。幸い、先生はかぜを引くこともなくお腹の一大事を起こすこともありませんでした。

しかし、山本さんはお腹の一大事を起こしてしまいました。でも、そのことを先生は知りませんでした。もし、低学年なら、こんな時、先生の手が必要でしょう。でも、このクラスは、先生の出る幕はありません。友達同士で、やさしく声をかけ合い、助け合うことができるからです。いつでもどんな時でも、だれかが先生の代わりになってくれるから、先生はとてもうれしいし、とても楽ちんです。

2 不満を吐き出させる

高学年になると、作文を書かなくなる原因の一つに「不満」があることが考えられます。親や先生に対する不満だけではなく、学校の体制にも不満を持っています。中学生のように不満を爆発させ不良化することは少ない反面、その不満をどこへぶつけたらいいのか分からないのです。そうなると、冷静に自分の生活を振り返り、思ったことを思ったままに書くことなどできなくなるのです。

❶……本音を出させる機会をつくる

高学年になると、機会を設けて子どもたちに「不満」を吐き出させる授業を行います。対象は、先生と学校。あまり制限をかけすぎると、余計に子どもたちにストレスがたまるだけになるからです。もちろん、あまりにも自己中心的な不満や理不尽な意見には、ひと言添えて取り上げないこともあります。が、この時ばかりは、同僚の先生方にご理解をいただきながら、子どもたちの意見をできるだけ受け止めるようにしています。例えば、こんな不満が出ました。

・校長先生の話は長すぎる　・エレベーターがあるのになぜ使わせない　・テストが多い
・先生だけ職員室でお菓子を食べている　・男子だけを叱る
・先生が授業中ポケットに手を入れている　などなど

子どもたちがひと言発言するたびに「そうだそうだ」の大合唱。言ってはいけないと思っていた不満を、担任の前で吐き出せたことが、とても気持ちよかったようです。

森先生だけおみそしる

もう、また飲んでる。
いくら言ってもやめない。
なんで先生だけ、ずっとおみそしる飲んでるの？
金曜日は、
「おにぎり以外持って来るな。」
と言ってるのは先生じゃん、
ずるすぎる。
先生がおみそしる飲むんだったら、
わたしたちもデザートとか食べたいよ。
それでもがまんしてるのに、
クラスで一人、それも前で、
一人で飲んではずかしくないの？
「おなかがすくの。」
と言いわけしても意味ないよ。
だって、
大きいおにぎり持って来たらいいだけじゃん。
そういう先生きらい。

❷……不満を具体的に書かせる

その時出た不満の中で一番許せないことを作文や詩に書かせます。すると、みんな黙々と鉛筆を走らせます。様々な理由で書かなくなる高学年に、不満を吐き出させるという体験をさせることも大切だと思います。

上の詩は、わたしに対する不満をぶつけた詩です。この件については、子どもたちといろいろあったことは、紙面の都合で省きますが、この子の言う通りだと思ったわたしは反論できませんでした。次の週のおにぎりの日に味噌汁を飲むのをやめました。それ以降、この子とわたしの関係はとてもよくなったのです。

POINT

不満を吐き出し、それを受け止めてもらえたと感じた子どもは、作文にも本音をぶつけて書くようになります。

3 家族の一員としての自覚を持たせる

高学年を担任すると、子どもはこちらの意図を汲み、教室内の掲示を手伝ってくれたり、そうじをしっかりやってくれたり、よく働いてくれます。低・中学年にはない問題もいろいろとありますが、教師として助けられることが多いものです。

そんな子どもたちも、家に帰れば全く働かないという子が少なくありません。テレビや漫画、ゲームや携帯電話など、誘惑してくるものがたくさんあるからでしょう。学校でしっかり生活しているのだから、宿題をしたら、おやつを食べてゆっくりし、テレビでも観させてやればいいじゃないかという考えもあるかもしれません。しかし、家族の一員として子どもたちに手伝いをさせるように声かけしていくのも、教師の仕事ではないかと思います。いろいろなことが一人でできるようになる高学年だからこそ、進んで手伝いをする子どもに育てたいと考えています。家族のために働き、その生活を振り返り、作文を書くことで、家族の一員なのだと強く自覚するようになるからです。

❶……冬休みの宿題は家の手伝い

日ごろから手伝いの作文を書いてきた子がいたら、できる限り一枚文集で紹介することにしています。ですが、それだけでなく、全ての子どもが手伝いをし、その生活を振り返るために、わたしはどの学年を担任しても、年末年始に手伝いをし、それを作文に書いてくるよう宿題にします。年末年始は、大そうじや新年を迎える準備など、一年で一番忙しい時期だからです。特に高学年では、自分でできることが多くなる分、手伝いの幅が広がります。いろいろなことにチャレンジし、家族のために働くよう話します。

❷……学級通信で意図を説明する

手伝いは家族、特にお母さんの了解が得られなければうまくいきません。なぜなら、お母さんにしてみれば、子どもが手伝いをするよりも、自分でやった方が早く済みますし、きれいに済みます。子どもに任せることによって、二度手間になることさえあるからです。

ですが、手伝いをさせることによって、子どもを家族のために働かせてほしいこと、その生活を振り返り、作文を書くことで家族の一員としての自覚を持つことなどを学級通信で説明します。そして、手伝いさせることをお願いします。すると、積極的に手伝いをさせてくださるお母さん、一緒にそうじをして楽しかったとおっしゃってくださるお母さん、手伝い中に声をかけてくださるお母さん、改めて子どもの成長を実感したと喜んでくださるお母さんなど、うれしい声を聞くこともできます。

手伝いの後の作文には、自ら進んで働いた姿、生き生き働いた姿がたくさん書かれています。

POINT

手伝いをした自分を振り返って作文を書くことは、家族の一員としての自覚に繋がっていくのです。

4 社会の出来事に目を向けさせる

前章で、中学年では、身近な社会に目を向けるようになってほしいと書きました。高学年では、社会の出来事にも目を向けて作文を書くようになってほしいと考えています。

❶……社会の出来事に目を向けさせる

高学年の子どもたちと生活していると、世間をにぎわしている事件や事故などが教室の話題になることがよくあります。では、高学年の子どもたちは、常に新聞やテレビのニュースを意識し、それについて考えているのでしょうか。実際は、そうではないと思います。新聞やテレビなどによる報道を通して知っているだけで、一つひとつの事件や事故について、自らの考えを持とうとする子どもは少ないでしょう。ですから、教師からの働きかけが必要です。前述しましたが、わたしは、朝の会や終わりの会で、気になる事件や事故について、少しずつですが話をするようにしています。中学生の自殺が相次いで起こったことがありました。その時は、「死んだらあかん！」「生きてたら必ずいいことがあるから」と何度も子どもに伝えました。イスラム過激派のことを話したこともあります。ほのぼのとした動物の話題を話すこともあります。子どもたちは、真剣な眼差しで話を聞いてくれます。

❷……自分なりの考えを持たせる

こういうことを続けていると、今までよりもニュースに関心を持つだけでなく、ニュースを見て自分なりの考えを作文に書いてくる子が増えてきます。

102～103ページの作文は、チェチェンの武装グループがロシアの学校を占領して立てこもるという事件があった時のものです。なぜ、チェチェンの人がそんな行動に出たのかを、わたしから聞いた政治的な背景と、ニュース映像を見て感じた自分の考えを併せて書いてきました。この子以外にも、書いてきた子がいます。

社会の出来事に目を向け、作文を書くことは、対象をしっかり捉え、自分なりの考えを持つことです。大人への階段を上る第一歩として、高学年の間にこういうことを経験させたいと考えています。

POINT

教師が、日ごろからいろいろな話をすることにより、ニュースや社会の出来事に関心を持ち、それについて考える子に育っていくのです。

低学年では書けない作文です。高学年になると、社会的な事がらに目を向け、自分の思いをぶつける、こんないい作文が書けるようになります。

NO. 49

えがお

甲南小　6年生

2004. 9. 29

国に殺された子どもたち

三崎　有紀子

わたしは、このニュースを見た時、少しばかりだけど、きょうふを覚えた。

そのニュースとは、ロシアの学校で、学校がせんりょうされたというニュースだった。なぜ、こういうことをするのか…　犯人の気かしれない。しかも、体育館に五百人も六百人もぎゅうぎゅうづめで、上には、なんとばくだんがつってあるのです。「もし、この場所にいたら…」そう考えてしまう。

そして、急にばくだんがばく発したらしい。警察が強こうとっぱを許り、とつ入したという。でも…　さわいだ子は、みんなうち殺さく、犯人。子どもの命など、どうでもいいと思えていたんじゃないか、そう思う。

子どもたちは、国に殺されたようなものだ。昔、日本が戦争としていた時代、戦死した者は、

「お国のために死んだ。」

と言われたほどだ。これも、国に殺されたのだ。この、国に殺された子どもたちの命は、もう帰ってこない。遺族は、どんな思いだろうか。学校、学校に行っていたのだ。まさか、そこでこんなことが起こるなんて…　思ってもみなかっただろう。しかし、事件は起こった。起こってしまったのは、起こってしまったのだ。わたしは、もう、このような事件が起こらぬように願うばかりだ。

れたと、テレビで知った。自分なら、絶対にパニックになっていた。この子どもたちがさわぐのは、当たり前だと思う。それなのに、なぜ。

このなぜは、先生の話で分かった。

どうやら、この犯人は、チェチェンという国の人だそうだ。そのチェチェンとは…昔、ロシアはソ連という国だった。しかし、ソ連はほうかいしてしまう。その際、何ケ国かは、独立したいと申し出た。そして、ロシアはりょう承した。しかし、チェチェンはりょう承してもらえなかった。なぜかと言うと、チェチェンは海ぞいの国で、もちろん独立すると、その海もチェチェンのものとなる。でも、その海では、石油がとれるのである。それを確保するためだけに、チェチェンを独立させなかった。そして、時代はロシアになった…。独立させてもらえないまま。

だからって、子どもたちのいる所で、こんなことをする必要はないと思う。それと、国も国だ。子どもを殺すなんて…。子どもは、何もしていないのに。きっと、警察はともか

●三崎さんは、ロシアの学校占拠事件に対して恐怖と、いかりを覚え、その気持ちを、作文にぶつけました。文中に出てくるたくさんの「…」や「学校、学校に行っていたのだ」などの表現から、三崎さんのいかりがよく伝わってきます。先生がクラスでした話もよく聞いていたから、上手にまとめられていますね。ロシアの子どもたちも、昔、戦死したたくさんの日本人も、沖縄戦で戦死した多くの沖縄の人たちも、みんなみんな国に殺されたのです。戦争は…国どうしの争いは…絶対にあってはならないのです。

●三崎さん以外にも、この事件について感じたことを書いてきた人がいました。少し紹介します。

。「人間としてやってはいけないことをした人たちに何の罪もなく、楽しく始業式をむかえた子どもお父さん、お母さん、何百人もの方々が殺されてしまいました。その時わたしは、何でそんなことができるの。人として何ということをしたのか、自分たちで分かってるのと、すごく悲しくなりました。

山林 千夏

。「なんで、人殺しをするのでしょうか。分かりません。いつか、平和な世の中がくるといいです。

梅原 かおり

5 「起・承・転・結」を意識させる

どの学年でも、したことをしたままに、思ったことを思ったままに書くことを大切にしつつ、発達段階に応じて、書き方を指導していかなければなりません。段落や話の中心を意識して書かせなければいけない中学年では、「はじめ・中・終わり」を意識させます。では、高学年では、どうでしょう。

❶……考えを明確に表現するために

高学年では、「起・承・転・結」を意識して作文を書かせるように心掛けています。学習指導要領の五、六年の「書くこと」には、「自分の考えを明確に表現するため、文章全体の構成の効果を考えること。」とあるからです。自分の考えを明確に表現するために、どんな内容で話を起こすのか。起こした話を明確に表現するために、どう繋げていくのか。繋げてきた話をどう発展させ、どう変化させるのか。そして、どう話を結ぶのか。これを意識することで、文章全体の構成を考えることができると考えるからです。

❷……子どもに「起・承・転・結」をどう意識させるのか

子どもに「起・承・転・結」を意識させるために、プリント（106～107ページ参照）を用意しました。実は、

わたしの小学校時代の本当の話を、子ども向けに書いたものです。作文の下の細長い□には、ここまでが「起」、ここまでが「承」というように、子どもたちと読み取りながら書いていきます。「起」には小学校の先生になりたいと夢を持ったこと、「承」にはなぜ小学校の先生になりたいと思ったかということ、「転」には夢に対する不安、「結」には夢に向かう意気込み、というように分かりやすい内容にしました。

こうやって、それぞれに、どのようなことを書いて話を進めたら、自分の考えを明確に伝えられるかを分からせます。そして、自分の夢について書かせるのです。書かせる時も「起」「承」「転」「結」に何を書くか先にメモを取らせてから書かせることで、更に話の進め方を意識するようになります。

POINT

「起」「承」「転」「結」それぞれに、どんなことを書けばいいのかを理解させてから、作文を書かせることが大切です。

●「起・承・転・結」を意識させるためのプリント

六年生　国語プリント

「課題作文」　　組（　　　　　）

先生になりたい

「小学校の先生になりたい。」六年生のある時から、ぼくの心の中に、小さな夢が広がり始めていた。

　それまで、家族で出かける時、いつも「かっこいいなあ。」と思って見ていた、電車の車しょうさんやバスの運転手。絵本やテレビで見た、消ぼうしやけいさつかん。ぼくの夢は、ころころあ変わるあいまいなものだった。しかし、「小学校の先生」という夢は、今までの夢とちがい、心の中に何か決意のようなものが宿った、運命的なものを感じた。

　では、なぜぼくが「小学校の先生になりたい」と思ったのか。それは、ひとえにこの六年五組というクラスのえいきょうだ。このクラスは、何と言っても男女の仲がいい。だれかがいいことをすればほめ合える。だれかが困っていれば助け合える。だれかが悲しんでいればなぐさめ合える。そんなクラスだ。そして、このクラスに

上の作文の「起・承・転・結」の部分には、それぞれ、どのようなことが書かれているでしょうか。かんたんにまとめましょう。

起

承

転

結

あなたの夢は何ですか？

いれば、とても楽しい。授業中も休み時間も、このクラスから笑顔がたえない。このクラスのみんなといる時が、ぼくにとって最高の時間なのだ。ぼくは、このクラスで過ごすうちに、いつの日か、「大人になったら、こんなクラスで過ごしてみたい。子どもにこの楽しさ、すばらしさを味わわせてやりたい。」そう思うようになったのだ。

　ただ、その夢の前には、大きなかべがある。ぼくは、音楽がきらいだ。音楽の先生がおっしゃることが、日本語とは思えないほどちんぷんかんぷん。また、理科のテストは、いつも三十点ぐらい。こんなことで、先生になれるのだろうか。やっぱり、ぼくには先生は無理かな。他の仕事の方が向いているかなと弱気になることもある。

　これから先、中学・高校・大学と進むうち、人生にどんなことが起こるか分からない。もしかして、もっとすごい夢が出てくるかもしれない。先生になりたくても、ざせつしてしまうかもしれない。でも、とにかく今は、この夢を大切にし、夢に向かってがんばろうと思っている。


　この夢について作文を書きます。起・承・転・結で、それぞれにどのようなことを書くか、まず考えましょう。

　できたら、作文を書き始めましょう。

起	承	転	結

6 作文のよいところを見つけさせる

第2章の⑤で、友達の生活ぶりや素晴らしい考え方、書きぶりを学ぶために、一学期に一、二回は、クラスの子どもの作文をみんなで読み合う機会を作りたいと書きました。友達の作文にはよいところ、まねしてほしいところがいっぱいあります。楽しく友達の作文を味わわせましょう。

では、具体的には、どうやってクラスの子どもの作文を読み合い、味わわせるのでしょうか。

❶……友達の作文を読み込む――一人ひとりで

クラスの子どもが書いた作文の中から、「こんな書きぶりを学んでほしい」「こんな生活を学んでほしい」「こんな感じ方を学んでほしい」と思わせる作文を選び、配付します。最初に作者に音読させ、質問を受け付けます。今から読み込んでいく作文の背景にあるものを理解させ、スムーズに作業に入るためです。

子どもたちは、友達の作文を読みながらどんどん書き込みを始めます。「この部分は、気持ちがとても表れていてうれしいのがよく分かる。」「ここはAさんらしいうまい書き方だ。」「とてもよく観察して書いている。」……見つけたいいところを、自分の言葉で書かせていくのです。言葉だけでなく、記号も書かせます。

●よいところを見つけさせるための作文

やさしい友達

わたしはいつもロッカーがきたなくてロッカーチェックで×ばかりつけられています。それは、「なんか、めんどくさいな。」とか思ったりしてしまうからです。村田くんが、

「橘、おまえ、今日、整理係のバツゲームやぞ。」

と言った時も、わたしは、

「はいはい、分かりましたよ。」

と言って、ぜんぜん反省せずに、ぞうきんがけだけをしました。

ある日、村田くんが、

「今日、ロッカーチェックするよ。」

と言いました。わたしは、「エーッ。いやだなあ。」と思ったまま、お弁当を食べようとしました。すると、わたしのロッカーの前で、ゆきえちゃんとのり子ちゃんが何かしているので、わたしは、近よって見てみました。すると、二人は、わたしのロッカーがあまりにきたないので、整理してくれていたのです。わたしは、

「二人とも、ありがとう。ごめんね。」

と言いました。すると、二人は、

「いいよ。いいよ。」

と言ってくれました。わたしは、「二人とも、本当にやさしいなあ。」と思いました。

ロッカーがきれいになったので、ロッカーチェックにも○がつきました。前のわたしのロッカーは、きたなすぎてゴキブリまで住んでいたのに、今のロッカーは、みちがえるほどきれいになって、カブト虫なんかが住めそうです。わたしは、うれしくてうれしくてたまりませんでした。でも、今度からは、まわりの人に迷わくをかけないように、自分からきれいにしようと思います。

ロッカーをかたづけてくれたゆきえちゃん、のり子ちゃん、本当にありがとうございます。


「◎…うまく書いているなあ」「♡…気持ちが表れているなあ」「👁…よく見ているなあ」「👂…よく聞いているなあ」「✋…実際に触って感じているなあ」を表しています。

記号を決めることで、作文を見る視点がはっきりし、作文が苦手な子どもでも書き込みがしやすくなるからです。

❷……友達の作文を読み合う――クラスで

それぞれの書き込みが終わると、クラス全体で読み合います。

子どもたちは、あらかじめ色画用紙を小さく切った五色のカードを五枚ずつ、計二十五枚持っています。カードには先ほど紹介した「◎」「♡」「👁」「👂」「✋」が書いてあります。

最初に指名された子どもは、前に拡大して映し出されている友達の作文に「カード」

を貼っていきます。その後、「ここは友達が言ったことをよく聞いているので、『マーク』をつけました」「ここにはAさんの感謝の気持ちがよく表れているから、『♡マーク』をつけました」と発表します。なぜ、そのカードを貼ったのか、作文のいいところはどこだと感じたのかを発表するのです。それを数人が繰り返した後、全員が前に出て、自分が書き込みをしたプリントを見ながら、カードを貼っていきます。

　例えば、赤い画用紙でハートのカードを作ったとします。全員がカードを貼ることで、気持ちが表れている部分に赤いカードがたくさん並びます。すると視覚的に、この表現に気持ちが表れていることが一目瞭然となるのです。全員が貼り終わったところで、どうしてここに気持ちが表れていると感じたのか、どんな気持ちが表れているのかなどを考えていきます。

　前ページの作文では、

・二行目……「なんか、めんどくさいな。」というのがAさんらしい。
・六・七行目……「『はいはい、分かりましたよ。』と言って、ぜんぜん反省せずに」のところは、正直に書いている。
・十二行目……「ゆきえちゃんとのり子ちゃんが何かしているので」は、まわりをよく見て書いている。
・十八行目……「本当にやさしいなあ。」のところに、Aさんの気持ちがよく表れている。
・二十一～二十三行目……ゴキブリの話からカブト虫の話に持っていくところがおもしろいし、上手な書き方。ゴキブリがいたことを正直に書いている。

・二十三行目……「うれしくて」を繰り返していることで、強い気持ちが伝わる。
・二十六・二十七行目……感謝の気持ちが表れている。

などの意見が出ました。

クラスの友達の作文を読み合うのは、子どもにとって楽しい学習のようです。国語の物語文と違い、書き手を知っており、書き手がしていること、書き手が言ったことなどが、はっきりと頭に浮かぶからでしょう。それだけではなく、クラスの友達をたくさんほめようという作業が楽しいのだと思います。

みんなで楽しい時間を共有しながら、作文を見る目が育つ。ここにクラスで作文を読み合い、よいところを見つけさせていく意義があるのだと考えています。

POINT

クラスの友達の様子を想像しながら作文を読み込んでいくことが、作文のよさを見つける目を育てることに繋がっていくのです。

7 友達の作文をじっくり読ませる

クラスの友達の作文をじっくり鑑賞した子どもたちは、少しずつですが、自分が作文を書く時に、言葉や表現にこだわるようになっていきます。例えば、今まで「お母さんが買った服は……」と表現していた子どもが、「お母さんが買ってくれた服は……」と表現が変わることがあるのです。そんな言葉の細部を意識するようになった子どもたちには、更に深く作文を読み込めるように次の手立てを講じます。

❶……赤ペンを入れさせる

子どもの作文を読み、これを一枚文集に載せようと思う時、書きぶりや生活ぶりで、いいところやほめるべきところが必ずあります。一枚文集に赤ペンを添える時、そのいいところやほめるところのうち、どこをほめようかを考えて赤ペンを入れます。わたしたちは、常に子どもの作文をじっくり読み、いいところをさがしているのです。この作業を、子どもたちにもさせるのです。

114～115ページの作文は、節分のことについて書いてきた作文です。それを一枚文集の形にして配付したのですが、最後の赤ペンを入れる欄を空白にしておきました。子どもたちに作文を読ませ、上手な表現だな、うまく書いているな、気持ちがこもっているなと思うところに傍線を引かせました。そして、その中から特にいいなと思うことをいくつか選ばせ、先生になったつもりで赤ペンを入れさせ、発表させ

たのです。こういうことを繰り返すと子どもたちは、わたしが目を付けてほしいところに傍線を引き、そこを簡潔にまとめ、赤ペンを入れるようになります。作文を深く読み込めるようになったということです。

余談ですが、子どもたちが入れた赤ペンの文体は、わたしの文体とそっくりなのです。わたしの赤ペンを毎日読んでいるからでしょうか。それともみんな先生になりきっているからでしょうか。

❷……前書きを書かせる

一枚文集を作成する時、一番難しいのは前書きです。今から紹介する作文をひと言で表さなければならないからです。友達の作文に上手に赤ペンを添えられるようになった子どもたちには、次のステップとして前書きを書かせます。長い作文をひと言で表すことも、作文のよさや内容をしっかりと捉えることに繋がるからです。

POINT

友達の作文のいいところを見つけ赤ペンを入れさせることは、いい表現を見つける目を育てるだけでなく、簡潔な文章を書く力をつけることにも繋がるのです。

節分と言えば、豆まき、恵方巻き、いわし……、いろいろありますが、俣木さんは「豆」にしぼって作文を書きました。

NO.

えがお

甲南小　6年生

鬼いじめ

俣木　彩花

私は、今年の豆まきでは、鬼退治ならぬ鬼いじめをしました。

まず、鬼のお面をかぶったお父さんが出て来ました。そこで、私と弟は顔を見合わせて、ニヤッとしてから用意した豆を手に持って、力のかぎり投げつけました。小さいころは、力いっぱい投げつけても、お父さんにとってはあまり痛くなかったと思うけれど、成長して力もついてきた今では、昔とはちがって、力いっぱい投げつけると、やっぱり痛いのかなあと思いましたが、そんなことは気にせず、投げまくりました。

豆がなくなっても、ゆかに落ちている豆をひろって、お父さんが後ろを向いたすきに、おしりめがけて投げまくりました。それを見た弟が、一緒に投げてくれました。お母さんはと言って、おもしろいのかなんだか知らないけど、笑っていました。

私の家では、部屋がよごれないように、ふくろ入りの豆を投げています。投げるのに夢中になって、落ちているのをふんだりしてもほとんど分からないので、いざ食べようという時に、ボロボロになった豆がふくろから出てきたりするので、びっくりします。

あと、余談ですが、私は豆がきらいです。なので、あまり食べないのですが、弟はなんでも食べる人なので、まるでそうじ機のように豆を食べるのです。だから、私の分も食べてもらっています。たぶん弟は、毎年三十個の豆を食べているので、長生きできるんじゃないかなと思います。

・「力のかぎり投げつけた」「気にせず投げまくりました」「ボロボロになった豆」など、激しい豆まきの様子がよく分かる保木さんらしい作文です。まさに「鬼いじめ」ですね。豆がなくなっても拾って投げ続けられる、お父さん。それを見ても、とめずに笑っているお母さん。楽しくてにぎやかな保木家。うらやましいです。

コラム 5

今でも心に残っていて、たまに読み返したり、クラスの子どもたちに読み聞かせたりする作文があります。もう十七年も前のことになりますが、六年生の女の子が書いてきた作文です。

「手紙」と題されたこの作文には、春休みに友達三人に手紙を出したこと、そして、その三人から返事が来たことが書かれています。それぞれの友達の手紙の特徴が書かれ、手紙をもらうとうきうきする、書いたら返事が返ってくる手紙はうれしい、手紙は宝物だと書かれています。

今、どれだけの子どもが友達に手紙を書き、その返事を心待ちにするという素晴らしい生活を送っているでしょう。メールやSNSで、崩れた日本語が飛び交う世の中です。テレビの影響もあり、日本語がおかしくなっている世の中です。だからこそ、手紙を大切にしたいと思います。手紙は、相手を思い、心を込めて丁寧に文を綴るもの、心を届けるものだからです。

十七年前と言えば、まだメールが普及する前の話ですが、それだけではなく、この子たちは、わたしが本格的に作文教育を始めて最初に三年間クラス担任をした学年でした。書くことを大切にし、書くことで心を育てるのだと、たくさん書かせた学年でした。だからこそ、こんな作文を書いてくる子どもがいてくれたのかなと、こっそり自負しています。

メールやSNSで崩れた日本語が飛び交う時代だからこそ、自分の生活を振り返り、丁寧な日本語で書く作文を大切にしたいと思います。作文を書くこと、手紙を書くことの素晴らしさを伝えていきたいと思います。そして、相手を思い、丁寧な日本語で心を込めて手紙を書こうとする子どもを育てていきたいと思います。

第　6　章

子どもの心を、そして、クラスを育てる一枚文集

一枚文集には、子どもの心を育てる力があります。
一枚文集には、クラスを一つにする力があります。
それだけではありません。
教師の強い思いや願いを伝える力も、一枚文集にはあるのです。

1　一枚文集のすすめ

今までの話の中に、何度も一枚文集という言葉が出てきました。わたしが書いた一枚文集も何枚か紹介してきました。第1章の⑦でなぜ一枚文集を発行するのかも述べました。遅くなりましたが、ここで、その一枚文集について説明します。

❶……一枚文集とは

一枚文集とは、子どもの作文を載せ、教師がコメントを添えて印刷した発行物です。

・普通、一人〜数人の作文を載せます。
・最初に、「前書き」として読み手を引きつけるような教師のコメントを大きな字で載せます。
・最後に、作文に対する教師のコメント、つまり赤ペンを添えます。
・字詰めやレイアウトなどに決まりはなく、各教師が自分の書きやすい書式で発行します。
・手書き、パソコンどちらで書くか、決まりはありません。
・クラスの子どもに配付し、クラスで読み合います。

パソコンで打ち込んだ方が、スピーディーで、ミスが修正しやすく、レイアウトの変更も簡単だという利点があります。しかし、わたしは、手書きで一枚文集を発行してきました。理由は二つあります。

一つは、感覚の問題ですが、手書きにあたたかみを感じるからです。わたしはいつも子どもの顔を思い浮かべながら、一字一字丁寧に作文を書き写します。時には、ふっと微笑んでしまうこともあります。その子のことだけを思い書き写す一枚文集には、教師の子どもへのあたたかい心が表れる気がするのです。もう一つは、自分の手で書き写すことにより、読んだだけでは感じ取れなかった作文の奥深さや、文字や文の奥に隠れた子どもの心を読み取ることができるからです。たくさんの雑務がある毎日。手書きを強くすすめることはしませんか、手書きのよさだけは伝えておきたいと思います。

❷……一枚文集の赤ペンと前書き

一枚文集で子どもの作文の後ろに載せる赤ペンの入れ方は、作文帳の赤ペンとほぼ同じです。その作文で何をほめ、何をクラスの子どもたちに伝えるかを考えて書きます。

最初に目にする前書きは、読者を引きつけつつ、今から読む作文を、簡潔に紹介しなければなりません。たった数行の文を考えるのに、四苦八苦する時もあります。わたしが前書きを書く時に頭に置いていること。それは、例えば、仕事から帰ってこられたお父さんが、テーブルの上に置いてある一枚文集の前書きをちらっとご覧になり、気になって手に取り読んでくださる。そんな前書きが書けたらと思っています。

POINT

クラスの子どもの作文を一枚文集に載せて読み合いましょう。その作文で何をほめるか、クラスの子どもに何を伝えるのかをしっかり考えることが大切です。

2 一枚文集にはこんな力が

子どもの作文を丁寧に書き写し、前書きや赤ペンを添えて発行する。これを毎日続けるのはたいへんです。それでも、子どもたちのためにと思い続けられるのは、一枚文集を発行すること自体が作文教育と言われるからであり、一枚文集に秘められたパワーを確信しているからです。一枚文集には、どんなパワーが秘められているのでしょうか。たくさんある中の少しですが、紹介したいと思います。

❶……家族のあたたかさを感じさせることができる

生活の基盤は家庭。お父さんの厳しさを感じたり、お母さんのやさしさを感じたり、兄弟姉妹がいることに幸せを感じたり……。家族が子どもを支えています。しかし、子どもたちにとって、家族がいることは当たり前であり、お父さんやお母さん、兄弟姉妹のありがたみを毎日強く意識して過ごしている子どもは、ほとんどいないと言ってもいいでしょう。だからこそ、当たり前のことを当たり前と思わず、家族のありがたみやあたたかさを、作文教育を通して感じさせたいと思います。

122～123ページの作文は、家族でトランプをした時のものです。お父さん、お母さん、お兄ちゃん、おばあちゃん、それぞれのトランプをしている時の特徴がおもしろく書かれています。何よりお父さん。自分が勝つと社長のような口調になり、負けると「もう一回。」とカードを配ります。勝負にこだわ

るお父さんは、「パパは、おまえらより子どもやねん。」と最後に言っています。そんなお父さんが好きだと三井くんは締めくくりました。恰幅のいい三井くんのお父さんの、子どものような姿。クラスで子どもたちも、微笑みながら読み聞かせに耳を傾けていました。それぞれの子どもが、自分の家族のことを頭に思い浮かべていたことでしょう。

一枚文集でこうやって作文を紹介することで、自分の家族を思い出し、改めて家族のあたたかさを感じさせることができるのです。

❷……友達のよさを再認識させることができる

高学年になると、「この子はこんな子だ」と、友達間でもある程度、認識が固定化されてしまうことがあります。それがいい意味の固定化であり、正しい考えなら問題はありませんが、そうではないことも多々あります。

124〜125ページの作文の作者の南さんは、勉強も運動もでき、友達から信頼されている女の子でした。反対に、作文に出てくるAくんは、勉強が嫌いで、口も悪く、けんかっぱやい印象を持たれていました。ですが、担任としてAくんと関わっていると、実はやさしい心遣いができ、働き者だということが分かってきました。なんとか、Aくんへの固定観念を崩さなければと思っていた時に、南さんがこの作文を書いてきました。それを一枚文集に載せ、発行しました。

Aくんのおかげで鳥を助けてあげられたこと、Aくんが元気に飛び立った鳥を見て鳥になりたいと言ったこと、それを聞いた南さんがAくんの発言を認めてわたしも「……」と思ったこと。こういうことを知ったクラスの子どもたちとAくんの関係が、この後、変わることになります。友達はAくんを認三井くんの家では、今、大ふごうが人気です。勝負にこだわるお父さん、冷静なお母さん。楽しい家族の様子が伝わってきます。

トランプ

三井　大平

ぼくの家では、たまにトランプをします。大ふごうが人気があって、前は、一日に七回もしていました。ぼくとお兄ちゃんとお父さんとお母さんと、たまにおばあちゃんも入ってやります。

そして、始まると配られたトランプを見て、お兄ちゃんはすぐに顔を見たら、いいカードが来たのか弱いカードが来たのか分かります。だから、お母さんに、するたびするたび、

「分かりやすいね、お兄ちゃんは。さぎ師には絶対なれないわ。ハハハ。」

と笑っています。

だんだんカードが少なくなると、お父さんはどんどん真けんになってきて、みんなの小さなことを注意したり、文句を言ったりします。それで、人が勝つと、

「ああ、しもた。あん時こうしとけばよかった。」

NO. 63

えがお

甲南小　5年生

2003. 10. 3

と、とても残念がるけど、自分が勝つと、とてもきげんが良くなって、

「どこからでも、かかってきなさい。」

と、社長口調になります。

ゲームをやっている間は、みんないろいろくせが出るからおもしろいです。ぼくのくせは、自分のカードを並べかえるのに一生けん命というとこです。お兄ちゃんは、テレビを見ながらするので、すぐに、

「早く出せ。」

と、お父さんにおこられます。お母さんとおばあちゃんは、いいのか悪いのか、あんまり分からないようにしているから、にこにこして、知らないあいだに上がっています。

トランプをしていて一番分かることは、お父さんは、自分が負けたままでは、絶対にやめないことです。みんなが、

「終わろうか。」

と言っても、

「あかん、もう一回。」

と言います。そしたら、お母さんが、

「どうせ、パパが勝つまでやめないんでしょ。」

と言うと、

「あと一回だけ!」

と、勝手にカードを配ります。お父さんは、何をしても勝負にこだわります。ぼくは、ちょっといやな時もあるけど、

「パパは、おまえらより子どもやねん。」

と言う時が好きです。

● 家族でトランプ、いいですね。三井くんの家族のあたたかいふん囲気が伝わってくる作文です。三井くんは、トランプをしながら家族の人たちをよく観察しています。冷静でとても強いお母さんとおばあちゃん。冷静じゃなくて強くないお父さん。ボーッとしているお兄ちゃん。それぞれにちがっておもしろいです。三井くんは、お父さんのことがいやになる時があるけど、何をしても勝負にこだわるなんて男らしくてかっこいいですね。それに、お父さんの最後のひと言、すてきですね。

体育館にまよいこんだ鳥も、みんなのおかげで助かりました。鳥になって、世界中を見て回りたいですね。

NO. 24

えがお

甲南小　5年生

2003. 5. 26

体育館にとじこめられていた鳥

南　彩加

わたしは、本田あーちゃんといっしょに、体育館へ急ぎました。最後の人が、ゴミすてだからです。すると、A くんが、もう先に来ていました。わたしたちは、A くんが、

「だれもいない体育館の真ん中で、大の字にねころがって、目をつぶって開けると、いっぱい目が見えるんだって。」

と言ったので、そんなことをやって遊んでいると、A くんが、

「あ、鳥…。」

と、まどを見ながら言ったので、本田あーちゃんとわたしは、

「日の光やん。」

と言いました。すると、A くんが、体育館シューズをぬいで、ポイッと投げました。すると、

「バタバタバタ。」

「えっ、先生に言いに行こう。」

そして、森先生に報告に行きました。すると、横から小笠原先生が、

「飼ってんねん。」

と言ったので、

「そんなわけないやん。」

と、本田あーちゃん。

「いえてる。」

と、わたしが言いました。

そして、森先生といっしょにみんなでまどを開けました。森先生が、

「長いことまど開けてないから、ずっと中にいたんやろな。」

と言いました。そうじ中、見かけなくなったので、まどをしめていたら、とつぜん、

「バタバタバタ。」

と音がして、鳥が飛んだので、

「まどを開けろ。」

と、だれかがさけんで、まどを開けました。しばらくして、鳥は、無事ににげて行きました。元気でよかったと、ホッとしました。 A くんは、

「おれ、鳥になりたい。だって、飛べるやん。」

と言っていました。わたしも、「鳥みたいに飛んで、世界中を見て回りたい。」と思いました。

● 南さんと本田さんが報告しに来てくれて、体育館に行ってみると、つばめよりも少し大きな鳥が本当に体育館の中を飛んでいたので、先生もびっくりしました。みんな、鳥のことを心配して、たくさんある体育館のまどを必死であけてくれたので、無事に鳥も出ていくことができました。よかったです。
作文の最後に出てくる A くんのひと言、そして、南さんが思ったこと、ともにすてきな言葉ですね。先生も、鳥になって空を飛んでみたいです。

めるようになり、それが伝わってAくんも友達に手を出さなくなりました。

一枚文集を通して、一人の子どもしか気付かなかった友達のよさを、みんなに広げていくことができるのです。

❸……作文を味わう力を育てることができる

書きぶりも生活ぶりもいい作文に出会う時があります。そんな作文を使って、一枚文集で子どもたちにどんな生活がいいのか、どんな書き方がいいのかを、具体的に示してあげることができます。

128～129ページの作文は、自分の生活を振り返り、早寝をしようと努力しているという作文です。早寝をするために、帰宅したらすぐに集中して宿題をやっています。そんな素晴らしい生活ぶりを、一つひとつ作文の下に■を書いて説明しました。また、この作文には、どうして早寝をしようと思ったか理由が書かれており、前の生活と今の生活を比べてよかった点も書かれています。そんな上手な書き方を、一つひとつ作文の上に■を書いて説明しました。

こうすることにより、子どもたちはどんな生活が見習うべき生活かを知ることができ、作文を味わう力も育てていくことができるのです。

❹……これ以外にもある一枚文集のパワー

一枚文集に秘められたパワーについて、ここまで三つの具体例を挙げて説明してきました。他にも、一枚文集には様々なパワーがあります。

教室に落ちていたゴミを拾って、黙って捨てている友達のことを作文に書いてきた子どもがいました。これを一枚文集で紹介することにより、誰かにほめられる見返りなど考えず、クラスのためにできる行為の素晴らしさと、そういうさりげない行為に目を向けて作文が書ける素晴らしさを、クラスの子どもたちに伝えることができました。

一枚文集を発行することにより、「うれしかったなあ」「悲しかったなあ」「困ったなあ」など、感じたことを恥ずかしがらずに表現したらいいのだと、子どもたちに伝えることもできます。友達と共に協力してきたことや苦労してきたことを書いた作文を通して、クラスの素晴らしさや共に力を合わせることの美しさを伝えることもできます。

一枚文集には、子どもを育てる様々なパワーがあるのです。

POINT

一枚文集は、クラスのみんなにいろいろなことを感じさせることができるのです。いろいろなことに目を向けさせることができるのです。

自分の生活をふり返ったことはありますか。自分はこんなことができてるな、できてないなと考えることは、とても大切なことですよ。

NO. 103

えがお

甲南小　4年1組

2014. 11. 11

早ね実行中

直木　美璃

わたしは、少し前から、早くねられるように努力しています。どうしてかと言うと、二学期になってから、夜、ねるのがおそくなっていました。そうすると、朝なかなか起きられないし、起きてもまたソファで二度ねをしてしまって、朝ご飯をきちんと食べられない時があるからです。

まず、どうしたら早くねられるか考えました。

わたしは、学校から帰って来て、習いごとが無い日は、宿題をしないで休けいします。その休けいで、テレビを見たり本を読んだりすると、おもしろくて宿題をするエンジンがかかりませんでした。なので、宿題を始める時間がおそくて、終わらせる時間も長くなっ

■どうして早くねるように努力しようと思ったのか理由がちゃんと書かれています。

■国語の授業で習った慣用句「エンジン

■早くねるように努力するのはすばらしいことです。

■自分の生活をふり返り悪いところを見つけています。

■自分の生活をふり返ることでどうしてねるのがおそくなるのか原いんをしっかりさぐっています。

がかかる」をさっそく使っています。

■前と今を比べて書いているのでよくなったことがしっかり伝わってきます。

てしまいました。これが原いんだと分かったので、そこを直すことにしました。

　今は、学校から帰って、すぐに宿題をしています。そうしてみると、宿題を終わらせる時間が短くなった気がしました。

　前は、宿題をしている時に、全然宿題に関係のないことをお母さんに話していました。でも、今は集中できているので、静かになりました。

　それから、よかったことは、テレビや本を読むのがどうどうとできるので、気持ちがいいです。朝も、さわやかに起きれるのでうれしいです。

　これからも、早くねるための努力を続けていきたいです。

■帰ってすぐ宿題をするのはえらいですね。

■さっさと宿題をすませるとどうどうと好きなことができますね。

●自分の生活をふり返り、いいところは続け、悪いところは直す。これはすばらしいことです。そしてそのことについて作文を書くのもすばらしいこと。
　直木さんは自分の生活をふり返り、ねるのがおそくなっていることに気づきました。ねるのがおそくなるとどんな悪いことがあるのかを考え、どうしたら早くねられるかを考えました。そのおかげでゆっくりテレビを見たり本を読んだりできるようになりました。時間を上手に使って有意義にすごすことってすばらしいですね。

3 一枚文集でクラスを育てる

一枚文集には子どもを育てるための様々なパワーがあります。一枚文集を発行することで、一人ひとりの子どもの心を育てることができます。それだけではなく、クラスを一つにするパワーも一枚文集にはあると考えています。友達を認め合い、クラスを一つにするためにも、一枚文集を発行しましょう。

❶……お互いに認め合うことができる

見習うべき生活や考えをした子ども、道徳的に素晴らしいことをした子ども……。一枚文集で、クラスの子どもたちの様々ないいことをほめていきます。それにより、「あの子にはこんないいところがあったんだ」「こんないいことをしていたんだ」と、子どもたちが一枚文集で気付くことになります。

それを繰り返すことで、子どもたちはお互いを認め合うようになります。友達の全てを受け入れることはできなくても、この子にはこんな素晴らしいところがあるのだと認めていくのです。たくさんの子どもたちが、お互いを認め合うことで、少しずつクラスが一つにまとまっていくのです。

❷……クラスを意識させる

132～133ページの作文は、五年生の最後にクラスの女の子が書いてきた作文です。五年生では紹介でき

ませんでしたが、クラスが持ち上がったので、六年生の始業式の日に一枚文集として配付し、読み合いました。

この作文には、具体的に誰がどんなことをして自分を助けてくれたのかが書かれています。そして、「なにかあったら、クラスの友達が助けてくれる」「なにかあっても、友達は知らんぷりをしないだろうと安心していられるクラス」と書いています。このような作文を読み合うことで、更に子どもたちはクラスを意識します。自分たちのクラスが素晴らしいのだ、もっといいクラスにしていこうと考えます。

一枚文集を通して、子どもたちの「クラス」という意識を高め、クラスを一つにしていくことができるのです。この学年の子どもたちは、大人になってからも、集まりがあると声をかけてくれ、この当時のいい思い出を、今でも語り合っています。

POINT

一枚文集を発行し、友達を認め合うことができるようになったら、クラスは一つにまとまっていくのです。

学校生活最後の1年がスタートしまし
へんです。受験もあります。でも…最も
クラスのあたたかさが、いろいろな事に
です。

だれかが助けてくれる

能登　理央

一歩教室を出たら、とにかくうるさい五年一組でした。図工・書道・音楽・家庭科、どの先生も、ぷちんときれていました。

「もう、これは、たん任の先生に伝えなきゃいけないわね。」

何度も聞かされたセリフでした。

「先生、ほんまに今度は、ちゃんとしますよ。」

と、駿くんの間のとり方。ばつぐんの受け答え。

「前も言ってなかった。」

先生は、返す言葉も見つからない様子でした。

その後、案の定、森先生からは大目玉。またやってしまったのでした。ついついもり上がってしまう。五年生の最後まで、この調子でした。

どうも、他の先生方には評判がいまひとつだったようですが、実は、友達どうしの助け合いや連けいプレーは、自慢したいぐらいでした。

わたしが帰りを急いでいた、図工の居残りの日。

「理央、急いでるんでしょ。かたづけといてあ

について書いた作文です。どうして先生が、
か。6年生という学年は、勉強もむずかしく
どうしてもイライラする人が増え、友達関
とまらなかったら、学校に行っても楽しく
いのです。
助けてあげられる人が、また、能登さんの
いるクラス。そんなクラスにいるからこそ、

ラス、友達のあたたかさがいつでも感じら
んな気持ちをこめて、この作文をしょうかい

6年生。最高学年。小
た。6年生は勉強もたい
大切なのはクラスです。
力をあたえてくれるの

げる。早く帰り」
と言ってくれたデルビー。
工作のがらくたをわすれた時、
「これ、勝手にとっていいよ」
と、さし出してくれたひろせくん。
てん示品を持って帰るふくろがなかった
時、
「これ、使えば」
と、周ちゃんが、でっかい立ぱなおかきのふく
ろをくれました。
わすれ物が多かったから、身にしみてありが
たさがわかったのかもしれませんが、なにかあ
ったら、クラスの友達が助けてくれると思えた
一年でした。
きっとなにかあっても、友達は知らんぷりを
しないだろうと安心していられるクラスです。
たとえ、他の先生にしかられ続けても。

● この作文は、能登さんが、5年生の終わりに、5年1組というクラス
この作文を、6年生になった今、みんなにしょうかいしたか分かります
なり、宿題も多くなり、受験勉強もしなければなりません。そんな中、
係が悪くなってしまいます。でもね、友達関係が悪くなり、クラスがま
ないし、勉強なんか手につかなくなってしまいます。何もいいことはな
　中川さんやひろせくんや周川くんのように、困っている友達がいたら
ように、友達のさりげないやさしさに感謝の心を持てる人が、たくさん
学校が楽しくなり、勉強もやる気になるのです。
　今日から6年生。一からまた、スタートです。友情が満ちあふれたク
れるクラス。そんなクラスをまた、一から作りあげていってほしい。そ
しました。

4 これだけは伝えたいという教師の思いを伝える①——戦争

一枚文集は、基本的には子どもが書いてきた作文を読み、そこにクラスに広げたい様々な内容があった時に発行し、読み合うものです。それだけではなく、教師がこれだけは子どもに伝えたい、これについて子どもに考えてほしいと思う内容に関しては、教師の側から課題をあたえて作文を書かせ、一枚文集で取り上げることもあります。

わたしは、どの学年を受け持っても、「戦争」「命の大切さ」「障害」「震災」という四つの内容について、様々な形で子どもに考えさせ、自分の思いを伝えるようにしています。

まずは、「戦争」について、わたしがどのように考え、どのように子どもたちに働きかけているのかを記したいと思います。

❶……唯一の被爆国だからこそ

「教え子を戦場へ送るな」と、戦後間もないころの先生方はおっしゃったと言います。平和な今、もうこのようなことは考えなくていいのでしょうか。現在もまだ、世界のいたるところで、戦争や内戦が起こっています。日本がいつ巻き込まれるか分からないのです。世界で唯一の被爆国である日本が、率先して反戦を唱えていかなければならないとわたしは思っています。

ですから、わたしは毎年子どもたちに戦争へ目を向けさせるようにしています。低・中学年では本を読み聞かせ、いろいろな話をします。高学年では、戦争について文を綴らせるのです。元京都女子大学附属小学校の大石進先生に教えていただき、高学年を担任したら、いつも実践していることを紹介します。

❷……暑中見舞いを書かせる

広島に原爆が投下された日も長崎に原爆が投下された日も敗戦の日も、全て夏休み中です。クラスの子どもたちと何かをするわけにはいきません。そこで、はがきを書かせるのです。休み前、子どもたちに、「夏休みに、先生に暑中見舞いを送ってください」と話します。ただ、普通の暑中見舞いではありません。はがきに、小さい字で夏休みの中で先生に一番伝えたい思い出と、八月六日か九日か十五日に戦争についてのテレビを観たり新聞記事を読んだりして、または、家族と戦争について語り合って、自分なりに考えたこと、感じたことを書いて送ってもらうのです。

わたしが勤める学校は、近年、五月の修学旅行で広島を訪れるようになり、一学期に、平和学習を行うようになりました。ですから、子どもたちは、夏休みまでに原爆についての知識をもっています。

修学旅行で広島を訪れるようになる前は、夏休み前に、原爆についての話をしたり、画像を見せたり、本を読み聞かせたりしていました。136〜137ページの一枚文集で紹介したはがきを送ってくれた金住さんも、そんな時の子どもです。

金住さんは、おばあさんから原爆についての話を聞きました。話を聞くことによって、

金住さんは、おばあちゃんから、戦争の時の話をいろいろと聞きました。そして、その時感じた怒りを、先生へのはがきにぶつけてくれました。

NO.37

えがお

甲南小学校 6年生

2000. 8. 27

夏休みの出来事の中で先生に伝えたいこと

森先生、お元気ですか。わたしは、とても元気です。今年の夏は、テニスをがんばっています。八月五日は、「パーフェクトストーム」を見てきました。最後にはみんな死んでしまうので悲しかったけれど、とても勉強になりました。次、見たいなと思っている映画は、「パールハーバー」という映画です。でも、日本に入って来るのは、来年の夏だそうです。日本に入って来る日を、お父さんと首を長くして待っています。

今日八月六日は、五十五年前広島に原ばくが落とされた日です。当時の事をおばあちゃんに聞

●

金住さんから、夏休みにいただいたおはがきです。たて十四、八cm、横十cmという小さなはがきでも、これだけたくさんのことが伝えられるんですね。これが心をとどけるということですよ。

金住さんは、夏休み、テニスをがんばっていること、それから、ふだんから先生と、よく映画の話をしているからでしょう、見に行った映画のことを教えてくれました。「パーフェクトストーム」は、先生、見ていないので、見たくなりました。ちなみに、金住さんが、次に見

8月6日、おばあちゃんから話を聞いて思ったこと

いてみました。当時、おばあちゃんは山梨にそかいしていたそうです。原ばくが落とされたということは、終戦まで知らされていなかったそうです。その理由は、日本が負けるというわさがたつと困るからだったそうです。広島では、原ばくしょうなどで苦しんでいる人が大勢いるのに、国のためと言って事をふせるなんてことをされたら、わたしはすごく腹が立ちます。はっきり言って、戦争で事を解決するとか、領地をうばうとか、たくさんのぎせい者を出したりとか、国に対し不満を持つ国民ばかり増え、国がバラバラになるだけだと思います。無意味です。全くしても意味のない事にお金と時間をついやし、人の命をうばうなんて…。戦争をして、何の意味があるのですか。おばあちゃんは、今こんなに物があふれて、若い人が自由に生きていることが不思議だそうです。やっぱり、わたしたちは幸せなんだなと、改めて思います。幸せだからこそ、過去の戦争をふり返り、同じまちがいをくり返してはいけないと思います。

たいと思っている「パールハーバー」。「パールハーバー」とは、五十九年前、日本軍が奇しゅう攻げきを行ったハワイの真珠わんのことです。ここから悲惨な戦争が始まるのです。

金住さんは、はがきの2/3以上も使って八月六日におばあちゃんから話しを聞いて思ったことをくわしく書いてくれました。

・腹が立ちます。
・はっきり言って〜と思います。
・無意味です。
・何の意味があるのですか。

などはげしい口調で戦争への怒りをうったえています。金住さんの書いているとおり、日本軍は、戦争中国民にうそをついてついて、つきまくっていたんですよ。先生も、改めて戦争のおろかさについて考えさせられました。

おはがきの最後の一文、「幸せだからこそ、過去の戦争をふり返り、同じまちがいをくり返してはいけないと思います。」

まったく、そのとおりです。

原爆投下のことを政府が伏せていたことを知りました。理由を聞き、自分の中に生まれた怒りの気持ちを手紙にぶつけてくれました。そして、改めて今が幸せなんだと感じたことを書いてきてくれました。

戦争について教えてもらうだけでなく、こうして自分なりに考え、書くことで、一人ひとりの子どもの心に、戦争はしてはいけないのだと強く感じることになると考えています。

また、あの小さな手紙の中にこれだけのことを伝えて送ることができるのだと知り、手紙を少しでも書くようになってほしいなというわたしの思いも込められています。

POINT

学年に応じたやり方で構いません。世界の中で唯一の被爆国である日本が、率先して反戦を唱えていけるよう、子どもに戦争について考えさせなければならないのです。

5 これだけは伝えたいという教師の思いを伝える②
——命の大切さ

❶……未成年の犯罪が増えている今

中学生が幼い子どもを殺すという事件が起き、驚いただけではなく、世の中で何かが変わり始めていると感じたことがありました。その後も、同様の事件が続きました。テレビやゲームの影響なのか分かりませんが、未成年の犯罪が増えているのは確かです。だからこそ、小学生の間に命について考えさせたり、死について考えさせたりすることは大切だと考えています。自分の命も他人の命も一つしかないのだ。その命がなくなれば、二度とこの世に帰ることはできないのだと、しっかりと考えさせなければならないのです。

❷……おじいさんの死と向き合う

ある日、クラスの子どもが忌引きで欠席しました。登校した日、お母さんから連絡帳が出されました。おじいさんがお亡くなりになったこと、子どもはおじいちゃん子であったため、かなりショックを受け引きずっていること、様子を見ておいてほしいことが丁寧に書かれていました。そこで、わたしは、その子と話をしました。「悲しいか？」と聞くと、当然「悲しい」という言葉が返ってきました。「ずっと泣いてばかりいて、ちゃんとおじいちゃんとお別れできたの？」と聞くと、「できてない」と彼女は答

大好きな人の死。とてもつらいことです。つらいけど、死をしっかり見つめ、そして生きることのすばらしさを感じてください。

●死と向き合った作文を紹介した一枚文集

NO. 59

えがお

甲南小　　5年生

2003. 9. 19

午前一時二十三分

南　彩加

夕方、お母さんが、

「じいじの病院行こっか。」

と言ったので、

「うん。」

と言って、病院へ行った。

お母さんが、じいじに、

「来たよ。あやちゃんもいるよ。」

と言って、わたしはじいじの手をにぎると、

「ギュッ」とにぎり返してきました。そして、
お母さんが、わたしの次ににぎった。そして、
しばらくいて、帰った。

その夜、わたしはたまたまお風呂から上がっ

と言いながら泣いているのを見て、わたしも
なみだがあふれ出た。わたしは顔をお母さん
の世中におさえつけながら、ふるえる手でそ
っとじいじをゆさぶった。
「ピー」
長く止まらず鳴り続けていた。お医者さんが、
「一時二十三分。」
と言った。「あっ。」わたしは、ただ泣くばか
りだった。ぱっと横を見ると、お兄ちゃんも
泣いていた。わたしは、こんなに泣いている
お兄ちゃんは初めて見た。
「ひくっ。ひくっ。」
と、お兄ちゃんが泣いている。わたしはじい
じを見つめ、なみだでじいじの顔がゆがんで

てマンガを読んでいると、お母さんに、

「あやちゃん、あやちゃん。」

と、一階からよばれたので、

「はい。」

と言うと、

「今から行くから。」

「うん、わかった。行ってらっしゃい。」

と言うと、

「あやちゃんも行くのよ。」

「えっ。」

わたしは、「まさか」と、いやな想像をしてしまった。そして、急いで病院に行くと、よくドラマで見る、脈をはかる機械があって、その時、九十四ぐらいだった。お医者さん一人とかんごふさんが二人か三人ぐらいいた。しばらくすると、ばあばがとう着した。ばあばが、じいじに
「みんな来たよ。」

と言った。その時は、脈は七十五ぐらいに下がっていた。そして、どんどんどんどん下がって、四ぐらいになった時、じいじをゆさぶりながら、みやちゃんが、

「じいじ、じいじ。」


見えた。一時間二時間と続くなみだ。だんだん目をこすりすぎて、赤くはれてきた。

お医者さんとお母さんたちの話が終わり、帰る時間になった。みやちゃんに、

「あやちゃん、今日いっしょに病院とまる。」

と言われたので、

「うん。」

と言った。わたしはその夜、じいじのちょっと冷たい手をにぎってねた。

朝、みやちゃんに起こされた。じいじはねているように見える。わたしは、ギュッとじいじの手をにぎった。でも、じいじはにぎり返してくれなかった。なみだが、また出てきてしまった。じいじは、小さい時から、いろんな所に連れていってくれた。元気になったら、また住吉川に散歩に行きたかったな。

●南さんの悲しさがあふれている作文です。作文を書くのはつらかったと思いますが、南さんは、病院でのおじいさんがなくなられる様子をくわしく書きました。つらいのをがまんして書くことで、南さんの心に、おじいさんとの最後の思い出が強くきざまれたと思います。これから、おじいさんの分まで精一杯生きてください。

えました。そこで、「おじいちゃんとちゃんとお別れしようか。そのために、作文を書いておいで」と言いました。それが、140〜141ページの作文です。

大好きなおじいちゃんの死と向き合い、作文を書くのは辛かったと思います。しかし、南さんは、おじいちゃんが亡くなる様子をしっかり思い出して書いてきました。これにより、南さんはおじいちゃんとの最後の思い出を胸に刻み、できなかったお別れがきちんとできたのではないかと思っています。そして、おじいちゃんの死と向き合うことで、改めて命の大切さを感じたのではないかと思います。それを、一枚文集でクラスの子どもたちにも広げることで、みんなが普段考えない命や死について考えさせることができたと思っています。

POINT

大好きな人の死と向き合うことは辛いことです。しかし、その辛さを乗り越えることで、改めて命の大切さを感じさせることができるのです。

6 これだけは伝えたいという教師の思いを伝える③——障害

五体満足だからこそ、子どもたちには、障害に立ち向かっている人たちについて考えさせたいと思っています。

❶……特別支援学校の教師を目指して決意したこと

大学生の時です。小学校教員養成課程に進んだものの、自分を本当に必要としてくれているのは、体に障害を持ちながらも懸命に生きようとしている子どもかもしれないと、ある時感じました。そこで、小学校教員養成課程だけではなく、障害についての授業も受講し、特別支援学校教諭の免許を取ることを決意しました。

授業を受け、単位を取りました。教育実習に行き、障害を持った子どもの前で授業をし、いい成績をもらいました。こうして順調に進んだのですが……その教育実習で、わたしの考えは覆されることになります。実習校の先生方の多忙な毎日、それでも一日パワフルに子どもたちと接しておられる姿、子どもたちへのきめ細かい心配り。驚かされるばかりでした。大学に入ってから生半可な気持ちで「自分を本当に必要としてくれているのは……」などと格好をつけて考えた自分が恥ずかしくなりました。こんな気持ちで、勤めていけるわけはないと強く思いました。

ですから、わたしは最初の希望通り小学校の教員になり、自分のクラスの子どもたちに、障害について語っていこうと思うようになったのです。

❷……障害について考えさせる

実習の時に撮った子どもたちの写真を見せて、それぞれの子どもがどんな障害と闘っているのか話したこともありました。一年かけて視覚障害について考え、点字を読んだり、ブラインドウォークをしたり、また、町に出て、視覚障害の人の生活にとって困るものを探しに行ったりしたこともありました。脳性まひの人が書いた詩を読み合ったこともありました。

146～147ページの作文は、三年生の子どもたちに書かせたものです。『さっちゃんのまほうのて』（たばたせいいち作、偕成社）を読み聞かせた後、障害について写真を見せながら説明した後の感想文です。三年生なりに、自分が障害を持っていたらと考え、障害者の苦労に目を向けたり、自分が健康でいられることに感謝したりしています。話を聞き、写真を見るだけでは、ここまで考えることはしないのではないかと思っています。書かせるからこそ、ここまで子どもたちは考えるのです。

電車の中で、障害を持った高校生くらいの子どもと一緒になったことがあります。軽度の障害のようで、その子は一人で通学していました。「えらいなあ。がんばってね」と心の中で思っていた時、くすくすと笑い声が聞こえてきました。ぶつぶつ独り言を言っているその子を見て、陰で笑っている数名の高校生がいたのです。

障害を持ちながらも懸命に生きている人を見て笑う。なんと心無いことでしょう。自分が担任したクラスの子どもたちには、そんな人間に絶対になってほしくないと思います。

そのためにも、これからも、様々な方法で健常児たちに障害について伝え、考えさせていきたいと思います。

POINT

素直な子どもたちは、障害についての話を一生懸命聞きます。そこで立ち止まらず、感じたことを書かせることで、さらに自分の思いをはっきりさせるのです。

●障害について考えさせた作文を紹介した一枚文集

道とくの時間に障害《しょうがい》について学びました。けんこうな体を持ってるみんなが一生けん命生きてる障害者の人たちを見守ってあげてね。

NO. 82

えがお

甲南小　3年生

2009. 12. 7

しょうがいじ

小山　あ実

今日、道とくのじゅぎょうで、「さっちゃんのまほうのて」を読んでもらいました。なぜなら、しょうがいじの話があったからです。

先生は、何十年も昔に、しょうがいじの人ばかりの学校に、一ヵ月ほどいたらしいです。だから、いろんなしょうじょうのことを教えてもらいました。

その中で、一番重いしょうじょうが、急に大きな声を出してしまうものでした。大きな声を出すと、頭のさいぼうがつぶれていくそうです。かにをたたくともとにもどるけど、ほっていたら、ずっととまらないそうです。

でも、後からどんどん分かってきました。

わたしは、とてもけんこうな方なのだと、はじめて分かりました。そして、とてもありがたく思いました。

家に帰ってママに話したら、

「けんこうでいられるのは、当たり前のことじゃなくて、とてもすばらしいことなのよ。かんしゃしないとね。」

と言っていました。わたしもそう思います。

いつか、こういう子のたすけになることをしたいです。

しょうがい者の人たちのくろう

くず原　三な見

先生は、

「しょうがいじの人を見て、「気持ち悪い」など思ってほしくない。」

と言っていたけど、そんなこと思うわけありません。ぎゃくに、とってもかわいそうです。

先生、そんなひどい人はいないので安心してください。

今日の道とくのじゅぎょうで

川本　あやか

今日、道とくのじゅぎょうで、生まれつき手、うで、足首、足などがない人のことについてべん強しました。

はじめ、わたしは、何かの事こで手がなくなったと思っていました。なぜかと言うと、テレビで事こで指がなくなったというのを見たことがあったからです。でも、そうではありませんでした。

じゅぎょうのはじめに、本を読んでもらいました。これは、病気の子のお話が書いてあります。この本を読む前は、女の子が病気だとは思っていなくて、なぜ手のないお母さんなのか分かりませんでした。


森先生に、しょうがい者の人たちの話をしてもらいました。いつもは考えたことはないけど、話を聞いたら、「たいへんだなあ。」「かわいそうだなあ。」という気持ちが、口からとび出しそうでした。

もしもわたしがしょうがい者だったなら、どういうくろうがあるかと考えてみましたが、そうぞうもつかないぐらいだと思いました。

だから、しょうがい者のじゃまにならないように、少しでもお手つだいしたいと思います。人は、たすけ合わないと生きていけないから、わたしも、たすけ合って生きていきます。

みんなの作文を読んで障害児《しょうがいじ》についての本を読んだり話をしたりしてよかったと思いました。小山さんの「そんなひどい人はいないので安心してください。」という言葉が先生の心にひびきました。川本さんの作文にあるお母さんの言葉。まったくその通りです。くず原さんが書いているように人はたすけ合わないと生きていけません。みんながたすけ合うやさしい国にしたいですね。それとみんなはけんこうな体を持っていることに感しゃし自分を大切にしようね。

7 これだけは伝えたいという教師の思いを伝える④——震災

二度とこんなことは起きてほしくない……。そう思っても、天災はいつやってくるか分からないのです。

だからこそ、過去の災害について子どもたちに伝え、自分の命をどうやって守らなければいけないのか、考えさせなければならないのです。

❶……阪神・淡路大震災を通して

一九九五年一月十七日、阪神・淡路大震災当日。大阪に住んでいてほとんど自宅に被害がなかったわたしは、一番に学校に向かいました。学校の被害状況を確認するとともに、集まってきた被災者たちを体育館へ誘導しました。学校に来ることができたのは、数名の独身の教員だけ。その数名で、配給された物の配付の仕方や被災者への問い合わせの対応など様々なシステムを決め、学校に泊まり、被災された人たちの手助けをしました。

店のシャッターをこじ開けて中に入ろうとする人、陥没したアスファルト、地面から数メートル上に噴き出す水、崩れた家の横に運ばれ路上に布団を敷いて寝ている高齢者……。学校へ向かう途中で目にしたものは、「ここは日本か?」と思わせる光景ばかりで、今でも忘れることができません。

学校でも、電気も水もないままの被災者のサポートはたいへんでした。近くにあるガスタンクにひびが入ったという噂が流れ、一時期、三千人が学校へ避難してきて、すべての教室が被災者でいっぱいになりました。トイレの水の確保のために川へ水を汲みに行きましたが、排水管が割れて糞尿が道路に漏れていることが分かり、流せなくなりました。しばらくの間、スコップで便を片付けることもありました。そんな苦労もありましたが、一番辛かったのは、二年生の子どもが亡くなったとお父さんから電話があったことでした。

そんな様々な経験をする中で、たくさんの命を奪い、たくさんの人たちの生活を奪う震災について、語り続けていかなければならないと感じるようになりました。語り続けることで、いつ起こるか分からない天災に対して常に備え、命を守らなければならないという気持ちが強くなるからです。また、たくさんの亡くなった人々の分まで、しっかり生きてほしいと思うからです。

❷……震災の恐ろしさについて考えさせる

150〜151ページの作文は、震災の年に生まれた子どもたちのクラスを担任した時のものです。生まれたばかりの自分たちやお腹の中にいた自分たちを、お母さんはどうやって守ってくれたのかなどをインタビューさせ、自分なりに震災について考え書かせたものです。震災の恐ろしさについて、改めて考えることができました。今まで知らなかった、お母さんの自分を守ってくれる姿に感謝の気持ちを持つこともできました。この子たちは、大人になり自分の子どもができた時、天災に常に備え、家族を必死で守ろうとする人になってくれると信じています。

わたしが勤める学校では、毎年一月十七日（土・日の場合はその前後）に全校集会を開き、

●震災の恐ろしさについて考えさせた作文を紹介した一枚文集

言葉では言い表せないほどの
ひ害を出した阪神大震災。
お父さん、お母さんに守られ生
きていることに感謝しようね。

NO. 83

えがお

甲南小　5年生

2006．1．20

■田村くんのお母さんのお話

・子どものことを考えるとおそろしかったこと。

地震が起きたしゅん間は、何が起こったのか分からなかったけれど、後々ひがいの様子を知るにつれて、マンションがこわれなかったことに感謝した。

・子どもを守るためにしたこと、気を付けたこと。

生まれて五カ月になっていなかったので、ベビーベッドから落ちな

震災のおそろしさ

田村　将人

お父さんとお母さんは、ねていた。ぼくも、その横のベビーベッドでねていた。すると、とつぜんとてもなくはげしい、言葉では言い表せないほどの地震が起こったと言う。お母さんの話によると、

「何が何だか分からなかった。」

と言っている。

テレビでもよく見かけるが、ひびいったままのかべや土地がかたむいていたり、その映像は、震災のおそろしさを物語っている。星野先生の話でもあったとおり、とう屋のかねが天井を深くけずったりと、そのすごさは、本当にもう、言葉では言い表せないと思う。

そんな中、ぼくのマンションは、超奇せき的につぶ

いように上からかぶさった。地震の後も、余震の度にきょうふを感じ、ほぼ一日中だっこしたままでいた。でも、母親がいつまでもびくびくしていては赤ちゃんにも悪いえいきょうをあたえると思い、できるだけ楽しい気持ちで接しようとつめた。

◆お母さんの話を聞いた田村くんの感想

やっぱり親は、自分をぎせいにしてまでも、ぼくたちを守ってくれたので、とても感謝しています。ぼくも、お父さんお母さんみたいな、必死で子どもを守ってあげられるお父さんになりたいです。

れずにすんだ。そのことには、とても感謝している。そのことに対して、お母さんは、

「もう、次同じのが来たら、たぶんもたないわ。」

と話している。このかんじんな時に、ちゃんとたえてくれて、本当に感謝している。

ぼくは、この地震が起こった時、まだ、生まれて五カ月になっていなかった。そのため、お母さんは、ぼくがベッドから落ちないように、上からかぶさっていてくれたそうだ。余震の度にきょうふを感じ、ほぼ一日中ぼくをだいて守ってくれていたのだと言う。もちろん親にも感謝しているし、今こうして作文を書けていることにも感謝したい。

もう二度とあのようなことは起こってほしくない。そして、ぼくの両親のように、子どものためなら、どんなことでもできるお父さんになりたい。

本当におそろしかったということが、改めて分かった。

●地震のおそろしさを知ってほしいと思うだけでなく、みんながどれだけお父さん・お母さんに愛され守られているのかも改めて感じてほしいと思い、お母さんに話を聞いてもらいました。田村くんが、マンションの強さとお母さんの愛情に守られて震災を乗り切ったことが、作文から分かりますね。こうやって愛情を受けて育った人は、同じことを自分の子どもにしてあげられる人になりますよ。

教師が震災の話をすることになっています。これは、震災の記憶を風化させないための取り組みで、映像や画像を交えて話をし、震災の恐ろしさと災害に備えることの大切さを伝えます。その後、黙禱をし、神戸の復興を願って臼井真先生が作られた「しあわせ運べるように」を合唱します。

二〇一四年度に四年生を担任していたわたしは、その後、教室に戻り、子どもたちに、全校集会での感想を発表させてから、わたしが見たものや体験したこと、震災がどれだけ恐ろしいものであり、どれだけ被災した人がたいへんだったかを話しました。そして、作文の宿題を出しました。お父さんやお母さんなどから震災の話を聞き、その感想とともに、今、震災が起きたらどうするかを書かせたのです。お父さんもお母さんも関西にいなかった子どもには、全校集会の話やわたしの話を聞いて思ったことと、今、震災が起きたらどうするかを書かせました。

当たり前のことかもしれませんが、震災から年月が経ち、最近、震災に対する子どもの意識が低くなっているように感じます。だからこそ、これからも、震災の日がどんな状態だったのか、震災とは何なのか、命を守るためにどうしなければいけないのか、伝え続けていこうと思っています。

都市直下型だった阪神・淡路大震災の被害は甚大なものでした。高速道路やビルが倒れている様子を目の当たりにし、ここまで悲惨な災害は、二度と起こらないだろうと思いました。しかし、わたしの予想は外れました。

東日本大震災の惨状を見た時、ここまで悲惨な災害が起こるのかと、胸が苦しくなりました。改めて自然の脅威を感じました。被災者の皆さんの気持ちを思うと、軽々しいことは言えませんが、気持ちを

強く持って生活していただきたいと思います。そして、子どもたちには、辛い思い悲しい思いを心の中にしまい込むのではなく、書かせることで思いを吐き出させ、少しずつでも前を向いて進んでくれることを願ってやみません。

POINT

人間は、自然に対しては無力です。しかし、立ち向かうことはできなくても、自分や家族を守らなければという気持ちだけは持つことができるよう、子どもたちを育てていかなければなりません。

8 教室日記

これだけは伝えたいという思いや、これについて考えてほしいと思う内容に関して、教師側から課題をあたえて作文を書かせ、一枚文集で取り上げると書いてきました。それだけではなく、もっとストレートに子どもたちに一枚文集で教師の思いを伝えることもあります。

保護者は、自分の子どもがどんな友達と生活しているのか、どんな様子で生活しているのか、学校やクラスの様子はどうなのか、様々なことが気になり、ちょっとしたことでも情報がほしいと思っています。そこで、クラスであった出来事やそれに対する教師としての思いなどを書き、わたしは『教室日記』として一枚文集に載せ、発行することにしています。

一枚文集は、子どもの作文を載せ、発行するのが中心なので、『教室日記』はそんなにたくさん発行するわけではありませんが、「こんな素晴らしい様子は、保護者にぜひ伝えたい」と思った時や、「実は、こんなことがあったのです」ということを伝える時に書き、発行するのです。

❶……低学年の教室日記

一年生の保護者は、入学したてのころ、子どもが心配でなりません。そんな保護者に少しでも安心し

てもらうために、四月は多めに『教室日記』を発行します。
156〜157ページの『教室日記』は、授業が四時間になり、初めて学校でお弁当を食べた時の様子を、わたし自身が書いたものです。お母さんが作ったお弁当を、子どもたちはどんな様子で食べているのか、保護者が気にしているだろうと考えたからです。

子どもたちがお弁当をとても楽しみにしていたこと。お母さんへの感謝の気持ちを持って「いただきます」のあいさつをしたこと。集団生活の中で、どんなルールを作って子どもたちはお弁当を食べているのか。わたしがお弁当の時間をどう考えているのかなどを記しました。

後日、保護者から連絡帳が出されました。学校での昼食の様子を頭に思い浮かべ、思わず笑みがこぼれたことが書かれていました。それだけでなく、わたしの考えに賛同してくれる意見や、子どものためにますますお弁当を作る気持ちが強くなったことが書かれていました。

保護者の皆さんに、少しは安心してもらえたのではないかと思っています。

この後、初めての参観日や初めての道徳の授業、母の日のプレゼントを作っている様子、運動会など、折にふれ子どもたちの様子を知らせていきました。

学校での子どもの様子を想像し、保護者の皆さんは、きっと微笑みながら『教室日記』を読んでくれたことでしょう。

❷……中・高学年の教室日記

中・高学年では、子どもに向けて『教室日記』を書きます。クラスを一つにするために、わたしが見つけた子どもたちの素晴らしい様子をクラス全体に伝えるのです。

教室日記

（「教室日記」では、わたしが見た子どもたちの様子を、たまにですが紹介していきます。）

子どもたちはお弁当が大好き。朝からずっと、お弁当の時間を楽しみにしています。

お弁当が始まって、四日が経ちました。

お弁当がない時は何も言わなかった子どもたちですが、お弁当が始まるとなると、

「おなかすいた。」

「先生、後どれぐらいでお弁当？」。

と、朝からお弁当を楽しみにする声が、たくさん聞かれました。

お母様の愛情のこもったお弁当への思い入れは、子どもにとって大きなものがあります。これから毎日たいへんですが、子どもの発達のことを考え、よろしくお願いいたします。

「作ってくださったお母様に感謝の気持ちをこめて、大きな声でいただきますを言いましょう。」

と言うと、教室が割れんばかりの大きな声が響きわたりました。

初日は、一人ひとり食べている顔を見て回りましたが、うれしそうというより、本当に幸せそうでした。

NO. 7

えがお

甲南小　　1年2組

2010. 4. 19

お弁当を食べる時のルールを二つ決めています。

一つ目は、『ほこりのふりかけ』は食べたくないので、お弁当中は立ち歩かない。どうしてもトイレに行きたくなった子どもは、ほこりが立たないように、まるでどろぼうのように、ぬき足さし足でそっと歩いてトイレに行きます。お母様方にも見ていただきたい、かわいい素直な子どもの姿です。

もう一つの約束は、お弁当は楽しく食べましょうということ。昼食中は、ひと言もしゃべってはいけないというルールがある学校もあります。何かのお考えがあるのだと思いますが、わたしは、「大好きなお弁当の時間ぐらい、楽しくしゃべり、友達を増やしていってほしいと思っています。ということで、六人または五人の班でお弁当をいただきます。

わたしも、班の子どもに交じって、話をしながら食べています。普段は見えない子どもたちの新しい面が発見できたらなと思っています。

本の紹介
～読み聞かせした本～

「かいじゅうたちのいるところ」モーリス・センダック作 冨山房
「三びきのやぎのがらがらどん」北欧民話 福音館
子どもたちの前に本を出すと、「知ってる」「持ってる」という声が必ず起こります。しかし読み始めると一瞬で静かに。真剣な眼差しで絵本に釘付けです。知っているお話でも、何度読んでもらったお話でも、絵本は子どもを引きつけます。これが絵本の持つ力です。たくさん絵本を読み聞かせ、本好きの子どもを育てていきます。

四月当初、まだクラスがまとまっていない時は出せません。第5章の①で書いたように、ほめられた友達をねたむ子どもがいるかもしれないからです。載せることを嫌がる子どもがいるかもしれないからです。ですから、クラスがまとまる方向へ進み出したなと感じるころに発行します。この子は、載せてもねたまれたり嫌がったりしないなと判断した子どもについて載せていきます。

160〜161ページの『教室日記』は、担任をして二年目のクラスだったため、迷わず出すことができたものです。それでも、一人の話に限定せず複数の子どもをほめる内容にしました。

ここには、三つの出来事が書かれています。それぞれの出来事が起こるたび、この子はなんてやさしいのだろう、なんて友達思いなのだろうと、心を強く動かされました。そして、このやさしい心をクラスに広めなければならないと思い書いたのがこの『教室日記』です。学校生活についてよくご存知で、もうあまり不安を抱いていない高学年の保護者にとっても、子どもの学校の様子やクラスの様子を知ることは、うれしいことだと思います。仲の良い友達関係や信頼関係のあるクラスの様子を想像しながら読んでくれたのではないかなと思っています。

ここに登場した武智くんや南くん、そして、南くんのやさしさに気付いていた杉本くんが、その後ますます活躍し、やさしさを見せてくれたことは言うまでもありません。

❸……教師も書く

わたしは、ほぼ毎日一枚文集を発行しています。配られた一枚文集を見て、「先生、毎日たいへんだね」「一枚書くのに、どれぐらい時間がかかるの」と、声をかけてくれる子もいます。だからでしょうか、どんどん作文を書いてねと言っても、行事作文を宿題にしても、文句を言われたことはありません。

しかし、子どもも人間です。教師が書いていることを知らなければ、「なんで自分たちだけが書かないといけないの」と、不満を言い出すかもしれません。それに、子どもに書くことを要求するなら、教師も文章を綴るべきではないかと考えるのです。

POINT

低学年の『教室日記』は、保護者を安心させるために学校の様子を伝えます。中・高学年の『教室日記』は、クラスを一つにするために友達の素晴らしさを伝えます。

NO.19
えがお
甲南小学校　6年生
2000.5.30

教室日記

友達のやさしい心が、そこら中に、たくさんたくさん広がっています。そんなやさしさを見つける目を育ててください。

（「教室日記」では、わたしが見た子どもたちの様子を、たまにですが紹介していきます。）


「先生、どうしよう。」

ふと顔をあげると、増岡くんが、右手に水とう、左手にカバンを持って、困った顔で先生を見ています。

ある日のお弁当の時間のことです。水とうのふたが、少し開いていたのでしょう。増岡くんのカバンは、お茶でビチャビチャになっています。カバンだけでなく、つくえの上も下も、お茶でぬれています。

「カバン、水道で洗っておいで。」

先生が、そう言うか言わないかの時に、増岡くんの困った様子を見た武智くんが、さっと窓側に走り、ぞうきんを取って来てくれまし

ようなら」をして、運動場で待っておくことにした時のことです。先生は、教室で少し残っている仕事をしていました。すると、

「杉本くんの席はここ。山田くんの席はど…」。

という声がしたかと思うと、

「先生、橋さんの席って、どこだったっけ。」

と聞かれました。ふと顔を上げると、南くんが、

「代表委員会に出ている人は、たいへんやからねえ。」

と言いながら、せっせとランドセルをつくえに運び、おまけに、メモ帳まで書いてあげようとしているのです。先生は、南くんの心の

た。武智くんは、再び増岡くんの元に走りより、さりげなく、

「ハイ。」

と言ってぞうきんをわたし、だまって去って行きました。増岡くんは、「助かった。」という顔をして、つくえの上をふいていました。困った友達がいた時に、「今、この友達は何をしてほしいと思っている。」と素早く考え、それをしてあげる。そういう武智くんの行動を見て、とてもうれしく思いました。


それから…。その日の放課後のことです。先生は、男子とサッカーをして遊んでいました。山田くんが、ボールをとってドリブル。そして、先生にパス。ところが、一しゅんボーッとしていた先生はそれに気づかず、顔面にボールが当たってしまいました。完全に先生のミスなのですが、武智くんが、

「先生、だいじょうぶ。」

と声をかけてくれました。何かはずかしかったですが、その一声は、先生にとって、とてもありがたいものでした。


次に、ある土曜日。代表委員会に出席している人たちの帰りがおそく、とりあえず「さ

やさしさにびっくりしてしまいました。が、それだけではありません。先生がこのことを杉本くんに伝えたら、

「みなちゃんは、いっつもしてくれるんだよ。」

という言葉が返ってきました。さらに、びっくりです。南くんは、先生の知らない間に、そんなことをしてくれていたんですね。代表委員会に出席していた人も、ちゃんと南くんにお礼を言っていました。


こういう、友達のやさしさとそのやさしさに感謝する態度を見ることができて、その日は、先生にとって、とてもいい一日になりました。

●この作文では、たまたま先生の目に止まった二人のやさしさについて、先生が文章を書きました。もちろん、クラスに広がっているやさしさは、これだけではありません。代表委員会に出席している友達のために、メモ帳を書いてあげている人は他にもいます。先生が漢字の学習を見ている時に、さりげなくゴミ箱を持って来てくれる人だっています。こういうやさしい心を一人一人、全員が持っていることを、先生は知っています。しかし、あまりにもさりげなさすぎて気付かないでいる時がみんなにはあるように思います。教室中に広がるやさしさを、いっぱい見つけてみてください。きっと、先生のように、気分が良くなると思います。

9 一枚文集は教師と保護者の架け橋にもなる

今まで、一枚文集の持つ様々なパワーについて述べてきました。

では、子どもの作文を読み「この作文を一枚文集に載せて発行しよう」と決める時、「どんな赤ペンを入れようか」と考える時、誰を意識して作文を選び、誰を意識して赤ペンを入れていくべきなのでしょうか。

❶……一枚文集は子どものために

今まで述べてきたように、一枚文集は書く力をつけるためだけでなく、子どもの心を育てるため、クラスを一つにするためにも発行します。作文の中から、これを子どもに伝えたい、これを子どもに考えさせたいという内容を見つけて掲載します。ですから、もちろん作文を選ぶのも、クラスの子どもを意識して選びます。赤ペンを入れるのも、クラスの子どもを意識して書いています。しかし、子ども向けに入れる赤ペンでも、必ず保護者を意識しなければなりません。

❷……保護者の教師への理解や信頼も意識して書く

一枚文集を保護者がどれだけ読んでくれているかは分かりません。また、子どもは、学校で配られた

一枚文集を保護者に渡していないかもしれません。発行された一枚文集を集めて整理しておくファイルを子どもに渡しているものの、もしかしてランドセルや机の引き出しの中で、ぐちゃぐちゃになって固まっているかもしれません。

それでも、個人懇談の時、「毎日、一枚文集を読むのを楽しみにしています」と言ってくださるお母さんがいらっしゃいました。「毎日、一枚文集を話題にしながら夕食を楽しんでいます」「他のお子さんの様子が分かって安心できます」というお言葉をいただいたこともあります。

わたしは、子どもに向けて一枚文集を発行しながらも、常にその後ろにいらっしゃる保護者を意識しながら作文を選び、赤ペンを入れています。それは、わたしの教育観やわたしが大切にしているもの、わたしの願いを分かっていただくためです。

一枚文集は、教師の思いを保護者に理解してもらう、教師と保護者の架け橋にもなるのです。子どもを思い、誠実な気持ちで発行し続けていけば、少しずつでも一枚文集を読み、「こんなことを大切に教育したい」「こんな子どもに育てたい」「こんなクラスをつくりたい」というわたしの思いに共感してくれる保護者が増えてくると信じ、これからも一枚文集を発行し続けていきたいと思います。

POINT

一枚文集は、教師と保護者を繋ぐ架け橋でもあります。一枚文集で、誠実に自分の思いを伝えていきましょう。

コラム 6

わたしの二十六年の教師生活で、一番辛かった思い出は、教え子が亡くなってしまったことです。五年生の夏に骨肉腫になってしまったＡくんは、入退院を繰り返しました。アメリカへ治療にも行きました。膝の上から足首までの骨を切断し、松葉杖から車椅子生活へと変わっていきました。卒業式には参加できたものの、中学へは一日しか登校できず、亡くなってしまいました。

子どもを持つ同じ親として、お母さんと話し、お母さんの気持ちを聞くと、やり切れない気持ちでした。そんな辛い気持ちを救ってくれたのは、やはり「書く」ことでした。お母さんと相談し、クラスの子どもたちにはＡくんの病名は伏せていました。しかし、長期欠席しているＡくんに「手紙を書こう」と、子どもたちから声があがりました。アメリカへ治療に行く時も、千羽鶴に手紙を添えて渡しました。

それだけではありません。Ａくんが車椅子で突然登校したことがありました。わたしは来ることを知っていましたが、子どもたちを驚かせようと黙っていました。歓声があがったのは言うまでもありませんが、その時のうれしい気持ちをたくさんの子が、次の日、作文に書いてきました。もちろん一枚文集で紹介しました。何日か続けて登校できるようになったＡくんも、うれしい気持ちを作文に書いてきたので、一枚文集で紹介しました。

この子たちは、わたしの教師生活で唯一、四年間担任し、徹底的に書かせた子どもたちでした。話すだけではなく、言葉を紡ぎ、文章で気持ちを伝えることの大切さを理解してきた子どもたちに助けられました。書くことで自分の気持ちを伝える。この大切さを、これからも伝えていこうと思います。

おわりに

二十年以上続けてきた作文教育を、いつかまとめる機会があればなあ……以前から、漠然とそんなことを考えていました。考えているだけで、何も動こうとはしませんでした。まして、自分に本が書けるなどとは考えてもいませんでした。そんなわたしの背中を押してくれたのが、三十年来の親友である中嶋郁雄先生でした。何冊も本を出し、奈良で活躍しておられる中嶋先生から「お前なら書ける。作文で本を出せ」と言っていただけたおかげで、こうやって本を出版できる運びになりました。心から感謝しています。今更ながら、親友のありがたさを感じました。

執筆中は、いつも二人の先生のお顔が頭に浮かんでいました。わたしに作文教育の基礎を教えてくださり、やさしく見守ってくださった京都の大石進先生。常に厳しくわたしに接し、それでいて、わたしの作文教育を一番認めてくださっていた多賀一郎先生。この二人の先生方に、成長したわたしの姿を見ていただきたい。その気持ちが、わたしを突き動かしました。お二人と出会っていなければ、わたしは本など書けなかったでしょう。一番に読んでいただき、ご批評いただきたいと思っております。

そして、何より、一章ごとにわたしの原稿を読んでくださり、立ち止まってしまった時に的確なアドバイスをくださった学陽書房の根津佳奈子さんに、心よりお礼申し上げたいと思います。ありがとうございました。

作文教育は、奥が深いものです。これからも、子どもの心を育て、クラスを一つにするために勉強を続け、えがおいっぱいの子どもたちと思い出をたくさん作っていきたいと思います。

二〇一五年八月

甲南小学校　森　幸彦

【著者紹介】

森 幸彦（もり ゆきひこ）

1966 年、大阪府生まれ。奈良教育大学を卒業後、甲南学園甲南小学校に勤務。現在に至る。

元西日本私立小学校連合会国語部代表委員。

日本私立小学校連合会国語部全国委員長。

書けない子・書きたがらない子も夢中になる！

作文指導の技術

2015 年 9 月 17 日　初版印刷
2015 年 9 月 25 日　初版発行

著者――――森《もり》 幸彦《ゆきひこ》

ブックデザイン――笠井亞子
DTP制作――――スタジオトラミーケ
イラスト――――ねもときょうこ
発行者――――佐久間重嘉
発行所――――株式会社 学陽書房
東京都千代田区飯田橋 1-9-3　〒 102-0072
営業部　TEL03-3261-1111　FAX03-5211-3300
編集部　TEL03-3261-1112　FAX03-5211-3301
振　替　00170-4-84240
印刷――――加藤文明社
製本――――東京美術紙工

ISBN978-4-313-65291-0 C0037